中学校国語サポートBOOKS

「フレームワーク」の思考法を活かす！

プレゼンテーションを位置付けた国語授業

永野 恵美 著

明治図書

まえがき

　中学校学習指導要領（平成29年告示）解説国語編には，以下のように中央教育審議会答申における国語科の改善の基本方針が示されています（一部掲載）。

> 　子どもたちの発達の段階を踏まえた学習の系統性を重視し，学校段階・学年段階ごとに，具体的に身に付けるべき能力の育成を目指し，重点的な指導が行われるようにする。その際，中学校においては社会生活に必要な国語の能力の基礎をそれぞれ確実に育成するようにする。

　解説の中では，「社会生活に必要」とされる国語の能力を育成するために，「発表，討論，解説，論述，鑑賞などの言語活動を行う」ことが記されています。しかし，本書では，少し視点を変えて，言語活動としてプレゼンテーションを位置付けた授業を提案しています。
　この授業を行うために，本書では2つの工夫を施しています。
　1つは，単元を貫く学習課題の設定です。単元のゴールとなるパフォーマンス（言語活動）を意識させることと，「やってみたいな。考えてみたいな。」と学習意欲を触発・持続させることをねらいとしています。
　2つは，フレームワークの活用です。プレゼンテーションでは，ターゲットに行動を起こさせる情報の提供の仕方が問われます。ここで有効に働くツールがフレームワークです。本書では，2つの場面（①情報の収集・分析・整理　②論理構築）に応じたフレームワークの活用を通して，ターゲットを行動に移させる説明ができるようになることをねらいとしています。
　本書が「社会生活に必要な国語の能力の基礎」の育成のあり方を考える一助となることを願っています。
　2019年8月

永野　恵美

Contents

まえがき …………………………………………………………………………… 3

Chapter1
プレゼンテーションを位置付けた国語授業の理論と方法

1 プレゼンテーションで身につけたい力 …………………………………… 8
2 プレゼンテーションに必要な言語意識 …………………………………… 10
3 プレゼンテーションを位置付けた国語授業の学習過程 ……………… 12
4 プレゼンテーションを支えるフレームワーク ………………………… 14

情報収集に用いるフレームワーク
KJ法　16
ツリー図　17
SW法　18
ペイオフマトリクス　19
マインドマップ　20

論理構築に用いるフレームワーク
ロジックツリー　21
ピラミッドストラクチャー　22
SDS法　23
PREP法　24
DESC法　25
TAPS法　26
４つの質問シート　27

AIDMAの法則　28

Chapter2
プレゼンテーションを位置付けた国語授業の実践

1年

話すこと・聞くこと

1　故事成語で童謡をつくろう …………………………………………… 30

2　ブックトークで本の魅力を伝えよう ………………………………… 40

書くこと

3　旅行のオプションを提案しよう ……………………………………… 48

4　ポスターのボディコピーをつくろう ………………………………… 56

読むこと

5　新版「ちょっと立ち止まって」を提案しよう ……………………… 64

2年

話すこと・聞くこと

6　お国自慢―福岡県をPRしよう― …………………………………… 74

7　車を売り込もう ………………………………………………………… 84

書くこと

 8 架空美術館―開催したい展覧会のチラシをつくろう―················ 92

 9 店頭ボードをつくろう ·· 102

3年

話すこと・聞くこと

 10 誕生日プレゼントにスマートフォンをもらおう ···················· 110

 11 試食販売のデモンストレーションをしよう ···························· 118

書くこと

 12 小中交流会での授業を提案しよう ·· 126

読むこと

 13 教科書に載せる文章の改善案を提案しよう ···························· 134

あとがき ·· 142

Chapter1

プレゼンテーションを位置付けた国語授業の理論と方法

1 プレゼンテーションで身につけたい力

▶ オリンピック招致にみるプレゼンテーションの力

　2020年に開催が決定となったオリンピック・パラリンピック。開催国に立候補した国々は，最終審査においてIOC総会からプレゼンテーションを課せられました。結果，日本が開催国として選ばれたことは周知のとおりです。

　あるIOC委員は，日本決定について，「日本に大きな問題があるのは事実ですが，オリンピックが開催される7年後までに解決されると確信を持てました。」と述べていました。また，あるIOC委員は，「東京が訴えた思い，それが最終的に，私たちの心の中に東京への信頼を生み，大きくさせたのです。オメデトウ。」と述べていました。

　このエピソードに，プレゼンテーション活動で身に付けるべき力が包括されています。IOC委員のコメントから読み取れるように，プレゼンテーションのゴールは，「相手の心を動かす」**（行動に移させる）**ことです。

　そして，プレゼンテーションを行う際に大切なことは，竹田恆和東京招致委員会理事長の言葉からうかがえます。彼は，ある番組で，今回の誘致活動について，「それぞれのIOC委員が，それぞれの思いで，このオリンピック活動をしておりますし，この間，いろいろな選挙の絡みもありますし，そういう中で，それぞれのIOC委員がどういうことを考えているのか，そういった情報を網羅しながら，一人一人にアプローチをしてきました。」と述べていました。彼が行ったことは，「訴求対象の調査」**（情報収集力）**です。

　そして日本は，訴求対象の調査内容を踏まえ，自分たちの要求をかなえるために，プレゼンテーションを行いました。総勢8名のプレゼンテーション。それぞれの立場からオリンピックをとらえた上で，日本がいかに招致国としてふさわしいかを説明していました。聞き手に話し手の目的や意図を理解し

てもらえるように，構成や展開を工夫したり，聞き手の立場に立ち，聞き手のニーズを把握し，求めるものを提供したりしながら，意図的に招致国としての日本の価値をアピールしていました（論理構築力・説明力）。また，8名の話し手の順番も，内容を踏まえた上で，綿密に仕組まれていたはずです。この順番も，聞き手の心を動かす策の1つなのです。

▶ 本書で扱うバーバルコミュニケーションの指導

　次期学習指導要領解説国語編では，中学校の課題として，全国学力・学習状況調査等の結果をふまえ，「伝えたい内容や自分の考えについて根拠を明確にして書いたり話したりすることや複数の資料から適切な情報を得てそれらを比較したり関連付けたりすること，文章を読んで根拠の明確さや論理展開，表現の仕方等について評価することなど」を挙げています。

　そもそもプレゼンテーションとは，バーバル（言語情報）コミュニケーションとノンバーバル（非言語情報）コミュニケーションが両輪となって成立するものです。私たちは他人から情報を得る際，話す内容となる言語情報に比べ，非言語情報に大きく影響されると言われています。けれども，どんなに聴覚情報や視覚情報を駆使して相手に訴えたとしても，伝えたい内容が明確でなければ，相手の心を動かすことはできません。

　そこで本書では，言語情報を明確に伝えるために必要な「論理」に着目して，プレゼンテーションを位置付けた授業を提案しています。「話すこと・聞くこと」（話すこと）の領域では「目的や場面」に応じて「説明」ができることを目的に，また，「書くこと」の領域では「目的や意図」に応じて「説明」ができることを目的にして「情報収集力」と「論理構築力」を基盤とする授業設計を行いました。さらに，「読むこと」の領域では「目的」に応じて「説明」ができることを目的にして「情報分析力」と「論理構築力」を基盤とする授業設計を行いました。

　このように，言語情報を中心にして，各領域の目的に応じた「説明力」を高めていけるような単元づくりを目指しました。

2 プレゼンテーションに必要な言語意識

▶「プレゼンテーション」の定義

「プレゼンテーション」は，国語辞典では次のように定義されています。

> ①紹介。披露。
> ②計画，企画案，見積もりなどを，会議などの席で発表，提示すること。特に，広告代理店が広告主に広告活動の計画書を提示説明すること。また，その説明材料。プレゼン。(北原保雄ほか編『日本国語大辞典』第2版，小学館，2003)
> ①提示。説明。表現。
> ②自分の考えを他者が理解しやすいように，目に見える形で示すこと。また特に，広告代理店が依頼主に対して行う広告計画の提示や説明活動をいう。プレゼン。
> (松村明編『大辞林』第三版，三省堂，2006)
> ①広告代理店が広告主に対して計画・企画案などを提示・説明すること。
> ②集会などで自分の意見や考えを発表すること。
> (北原保雄編『明鏡国語辞典』第二版，大修館書店，2010)
> ・会議などで，計画・企画・意見などを提示・発表すること。プレゼン。
> (新村出編『広辞苑』第七版，岩波書店，2018)

このように，一般的な意味付けとしては（一言でいえば）提示・説明・発表・紹介・披露などの様々な表現が用いられていますが，本書では，言語活動として「プレゼンテーション」を位置付けるにあたり，次のような意味付けをします。

> 対象となる相手の心を動かし，目的を達成するために，自分の意見を提示・発表・説明すること。

▶ プレゼンテーションに必要な言語意識

　本書で説明力を高めさせるために仕組む「プレゼンテーション」では，成果として，訴求対象である「聞き手の心を動かし，目的を達成させる」ことを求めています。

　では，目的を達成させるために（**目的意識**）聞き手の心を動かし，行動に移させる（**評価意識**）ためにはどうすればよいのでしょうか。大切なのは，聞き手のニーズが何であるかを分析し（**相手意識**），ニーズに合致した情報を収集した上で（**場面・条件意識**），情報の価値を高めることができるような方法や聞き手を納得させる説明の仕方（**方法意識**）を考えることです。そうして，実際に聞き手の前でプレゼンテーションを行う際，自分の伝えたいことが伝わるように，相手の反応を踏まえながら（**相手意識**）状況に応じた対応をする（**場面・条件意識**）ことです。ここで，よりよいプレゼンテーションを行えば，聞き手がこちらの説明に納得して行動に移す（**評価意識**）ことになります。

　このように，プレゼンテーションを仕組むためには，生徒に5つの言語意識（①相手意識　②目的意識　③場面や状況意識，条件意識　④方法意識　⑤評価意識）を必要とします。つまりは，説明力を高めさせるために必要な言語意識が，この5つであるということです。

　そのため本書では，生徒が5つの言語意識をふまえた学習活動を行えるように，以下のような特徴をもつ単元を貫く学習課題を設定しています。

【学習課題の特徴】
○目的意識をもてるような課題の設定
○相手意識や方法意識，評価意識がもてるような「訴求対象」の設定
○場面・条件意識がもてるような「条件」の設定

---

3 プレゼンテーションを位置付けた国語授業の学習過程

　p.8で提示したように，「情報収集力」及び「情報分析力」，「論理構築力」を基盤として「説明力」を高めさせることができるように，言語活動としてプレゼンテーションを位置付けています。本書では，この3つの力の関係を次のように考えています。

「情報収集力・情報分析力」＋「論理構築力」→「説明力」

　めざす生徒像は，「説明力を高めた生徒」です。単元のゴールとしてプレゼンテーションをパフォーマンスとして課するためには，情報を収集したり，分析したりする場の設定や，意図的な論理構築を行う場の設定が必要になります。本書では，以下のような学習過程（単元構成）を設定しました。

●「話すこと・聞くこと」「書くこと」における学習過程（図1）

　「話すこと・聞くこと」と「書くこと」については，ともに「表現」の領域であるため，学習過程についても類似しています。指導要領解説によれば「話すこと・聞くこと」（話すこと）では，「話題の設定」「情報の収集」「内容の検討」「構成の検討」「考えの形成」「表現・共有」，「書くこと」では，「題材の設定」「情報の収集」「内容の検討」「構成の検討」「考えの形成」「記述」が表現活動における一連の学習過程となります。違いは，表現のあり方（音声，文字）であると考え，本書では，同じ学習過程で単元を構成しました。

●「読むこと」における学習過程（図2）

　「読むこと」は，「理解」の領域となります。指導要領解説によれば「読むこと」は，「構造と内容の把握」「精査・解釈」「考えの形成・共有」が一連の学習過程となります。「構造と内容の把握」をしたり「精査・解釈」をしたりするためには，文章を分析する必要があります。そのため，「話すこと・聞くこと」「書くこと」の学習過程（図1）で示した「収集する」段階

を「分析する」に変更して，学習過程を組み直しています。

図1 「話すこと・聞くこと」「書くこと」における学習過程

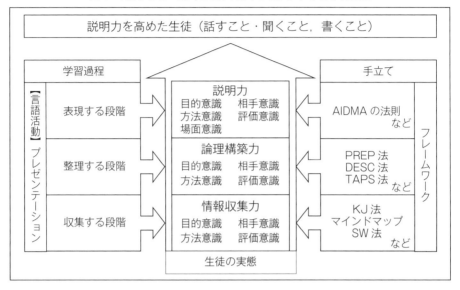

図2 「読むこと」における学習過程

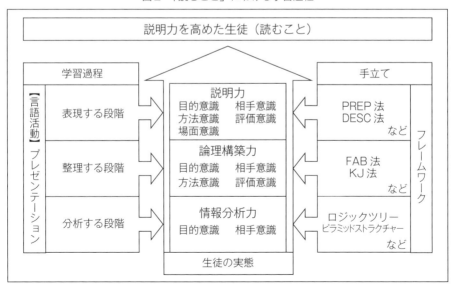

4 プレゼンテーションを支えるフレームワーク

▶ フレームワークについて

　繰り返しになりますが，本書では「説明力」を高めさせるために，プレゼンテーションを扱います。プレゼンテーションでは，「相手の心を動かし，こちらの目的を達成させること」が大切になります。ですから，訴求対象に行動に移してもらうことができるような「説明」を生徒ができるようになることが目標になります。このような生徒を育てるためには，相手を納得させることができる「論理」を身に付けさせる必要があります。

　そこで，この「論理」を身に付けさせるために「フレームワーク」を手立てとして講じます。なぜなら，相手の心を動かし，行動に移させるためには，次の2点が鍵になると考えているからです。まず，相手が欲する情報を提供できることです。そして，納得してもらえるだけの筋道立った説明ができることです。この2点を満たすことができるツールが「フレームワーク」です。本書では，情報収集用のフレームワークと論理構築用のフレームワークを用いています。以下に，効果を示します。

【情報収集においてフレームワークを扱う効果】
○図式化することで，可視化されるため，情報のもれを確認できる。
○ラベル等をもとに図式化していくため，収集した情報の取捨選択をしやすくなる。
【論理構築においてフレームワークを扱う効果】
○文章作成のフォーマットとして必要な流れが示されているため，目的に応じた文章の書き方を学びやすくなる。

このように，フレームワークを用いることで，本書でめざす「説明力」を高めることができると考えます。そこで，生徒がフレームワークの使い方を捉え，使いこなせるようにするために，情報収集用フレームワークでは，実際に一緒に作成していくことで，活用の仕方を理解できるようにしました。論理構築用フレームワークでは，モデルを提示して，どのように使っているかを捉えることができるようにしました。

【情報収集用フレームワークの活用の仕方の示し方】
〔例〕KJ法
① テーマに関わる情報をランダムに挙げさせる。
② 挙がった情報をカードに記入して掲示する。
③ 掲示した情報どうしに共通点がないかを問う。
④ 共通点をラベルとしてカードに記入して掲示し，情報を集約する。
⑤ 集約した時点で，この方法をKJ法であるということを伝える。
〔例〕ピラミッドストラクチャ
① フレームワーク（3段階で作成）を提示する。
② 上段の一枠には主張，中段には理由，下段には根拠と，書く内容を提示する。
③ 文章の構造をみとるフレームワークであることを伝え，トップダウン及びボトムアップで論理の整合性を見ることを確認させる。

【論理構築用フレームワークの活用の仕方の示し方】
〔例〕AIDMAの法則
① 視聴用に，テレビショッピングの番組を準備する。
② 買いたくなる理由がどこにあるかを問う。
③ どんな工夫がされているかを問う。
④ 種明かしとして，AIDMAの法則を提示する。
⑤ AIDMAの法則の用い方を説明する。

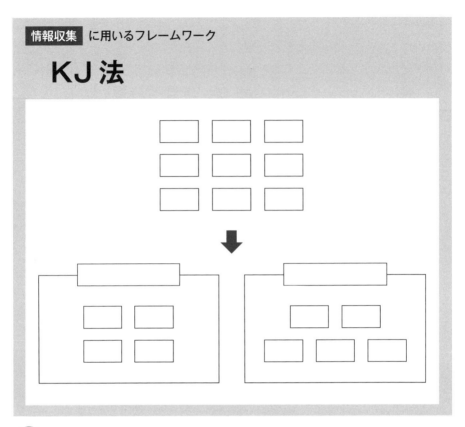

▶ 主な使用場面と使い方

　KJ法とは，バラバラに集められたたくさんの情報の中から必要なものを取り出し，整理や統合を行うための手法です。情報を整理するための付箋紙などを活用し，それぞれを張り替えながら，全体を俯瞰して情報をグルーピングしたり，相関性を図解化したりして，着想やアイデアにつなげます。

　本書では，ランダムに集められた情報を整理したりまとめたりする点に特化してアレンジして用いています。BS法とともに使用したり，最初にラベルを提示することでその枠に収集した情報をあてはめたりして活用することができます。

情報収集 に用いるフレームワーク

ツリー図

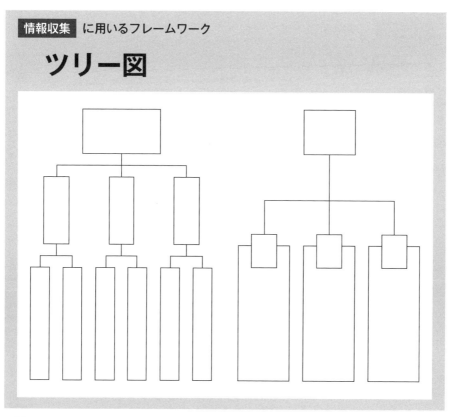

▶ 主な使用場面と使い方

　ツリー図とは，収集したデータをマクロからミクロの視点をもとに，データのラベルを階層化するための手法です。ミクロなラベルとマクロなラベルの関係を捉えさせることで，情報の整理を行います。

　本書では，上位概念となるラベルを先に提示することで，収集した情報を上位概念との関係性を考えながら，分類する際に用いています。また，読むことの活動については，段落どうしの関係を捉えることができるようにアレンジをして用いています。

Chapter1　プレゼンテーションを位置付けた国語授業の理論と方法　17

情報収集 に用いるフレームワーク

SW法

S	W

▶ 主な使用場面と使い方

　SW法の原型は，SWOT法です。SWOT法は，さまざまな要素をS（強み）・W（弱み）・O（機会）・T（脅威）の4つに分類した上で，成功要因を導き出すための方法です。S×O，S×Tといったクロス分析を取り入れて問題を解決するための方策の検討材料を探ります。

　本書では，S（強み）とW（弱み）に特化しアレンジして活用しています。収集した情報を精査する際に，PRできる強みの情報の優先順位を考えたり，弱みとなっている情報を明確にすることで改善策を考えたりするために用いています。

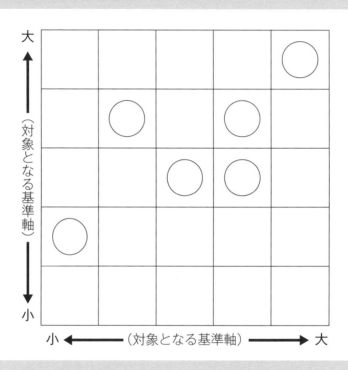

ペイオフマトリクス

情報収集 に用いるフレームワーク

▶ 主な使用場面と使い方

　ペイオフマトリクスとは，作成したマトリクスに，2つの基準軸をもとに収集した情報を並べることで，優先順位をつけるための手法です。情報と2つの基準軸との関係性を複合的に捉えながら，情報の価値付けを行うことができるようにします。

　本書では，複数の情報の価値付けを行うとともに，どの順番で提案を行うかということについても，考え合わせることができるように活用しています。

情報収集 に用いるフレームワーク
マインドマップ

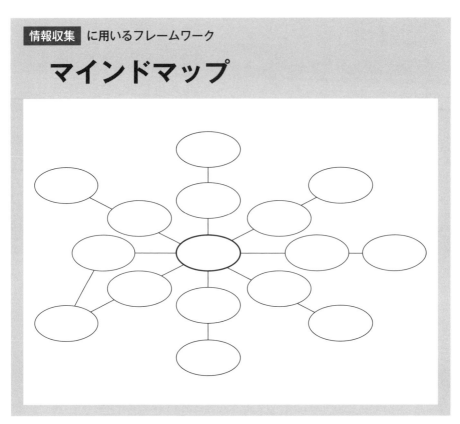

▶ 主な使用場面と使い方

　マインドマップとは，図の中央に核となる情報を据えて，そこから派生される情報を自由に広げていくための手法です。円と円を線を用いて結んでいくことで，情報と情報とのつながりを考えていくことができるようになっています。

　本書では，核となる情報に関係する情報や連想できる情報等をキーワードで書き出していくことで，情報と情報の相関関係を捉えることを目的として活用しています。

論理構築 に用いるフレームワーク
ロジックツリー

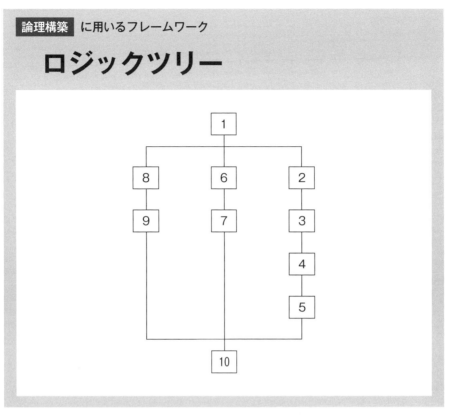

▶ 主な使用場面と使い方

　ロジックツリーとは，テーマとなる概念を枝分かれの形で図化し，分析することで，問題解決を行うための手法です。その目的によって「原因究明ツリー（WHYツリー）」「問題解決ツリー（HOWツリー）」「要素分解ツリー（WHATツリー）」があります。

　本書では，アレンジして活用しています。読むことにおいて，構成としての意味段落どうしの関係や展開における段落どうしの関係といった論理展開を俯瞰し，分析することを目的として活用しています。

論理構築 に用いるフレームワーク
ピラミッドストラクチャー

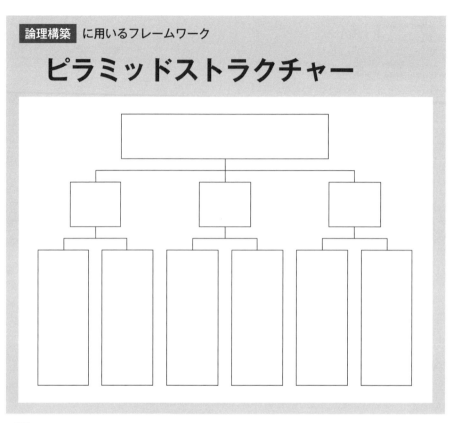

▶ 主な使用場面と使い方

　ピラミッドストラクチャーとは，一番上の枠を頂点として，上段を主張，中段を理由，下段を根拠として，論理を構造的に表すための手法です。トップダウン（so why?）の視点とボトムアップ（so what?）の視点で，双方向で論理の整合性を確認することができます。

　本書では，読むことにおいて，論理の妥当性を捉える際，情報のもれの有無を確認させることができるように，各段落の内容を把握する際に用いています。三角ロジックとの類似点もあるため，書くことにも活用できます。

論理構築 に用いるフレームワーク

SDS法

S	【Summary】 要約
D	【Details】 詳細
S	【Summary】 まとめ（要約）

▶ 主な使用場面と使い方

　SDS法とは，最初に要約や概要といった，これから伝える内容の全体像を提示（S）し，その後，具体的に説明を行い（D），最後に，もう一度まとめを示す（S）ことで，相手に納得してもらうための手法です。相手に話の内容を印象付けることができるように，「S」「D」「S」すべてに同じキーワードを提示することがポイントです。

　本書では，より説得力のある構成のあり方を考えさせるために活用しています。生徒には「S」を主張，「D」を理由と具体例として説明するとわかりやすいです。その際,「D」では情報をナンバリングさせると簡潔性が増します。

論理構築 に用いるフレームワーク

PREP法

P	【Point】　結論
R	【Reason】　理由
E	【Example】　具体例
P	【Point】　結論（まとめ）

▶ 主な使用場面と使い方

　PREP法とは，最初に結論を述べ（P）主張の方向性を明確にし，次に主張を支える理由（R）や根拠（E）を述べた上で，再度，主張を提示する（P）ことで，相手に納得してもらうための手法です。

　本書では，相手を納得させる最もベーシックな論理構成のあり方を捉えさせることを目的として活用しています。また，「P・R・E」によって，三角ロジックを意識させることもできるため，SDS法よりも「主張・理由・根拠」の流れを捉えさせやすいです。

論理構築 に用いるフレームワーク

DESC法

D	【Describe】 描写
E	【Express】 表現・【Explain】 説明
S	【Suggest】 提案・【Specify】 具体例
C	【Choose】 選択・【Consequence】 結論

▶ 主な使用場面と使い方

　DESC法とは，要望を相手に伝えるための手法です。「D」では，できるだけ客観的なデータをもとに現状を説明します。「E」では，Dで提示した内容を主観的な視点でメッセージ化し，「S」で具体的提案をします。「C」にあるように，予想される相手の選択に応じた結論を提示したり，提案の結果についての最終的な状況を提示したりします。

　本書では，提案のよさを相手にPRすることを大切にしたいと考え，【Consequence】（結論）を活用しています。

論理構築 に用いるフレームワーク

TAPS 法

T	【To Be】 理想
A	【As Is】 現状
P	【Problem】 問題
S	【Solution】 解決

▶ 主な使用場面と使い方

　TAPS法とは，理想の姿と現状の格差を提示することで，理想に届かない問題点を抽出し，解決策を提案するための手法です。「理想」→「現状」の関係を導入で伝える理想像を聞き手と共有化できるように，アンケート等で収集した情報を分析し，相手が納得するものを提示することで，相手の課題解決に対する意識を高め，提案をより採用しやすくできます。

　本書では，「As Is ／ To Be」の部分に着目し，理想と現状の比較から課題を見つけ，提案させるなどして活用しています。

論理構築 に用いるフレームワーク

4つの質問シート

①	【洗い上げ質問】気になる点はありませんか。	
②	【掘り下げ質問】最も心配な点はどれですか。	
③	【示唆質問】もし，〜だったらできますか。	
④	【まとめの質問】 　　　○○を前提（条件）として，いかがですか。	

▶ 主な使用場面と使い方

　4つの質問シートとは，洗い上げ質問，掘り下げ質問，示唆質問，まとめの質問という4つの質問によって構成されており，質問の条件を変えていくことで，合意形成へと導くための手法です。段階的に，質問内容を限定的なものにしたり，方向性を示唆するものにしたり，条件付きのものにしたりすることで，双方の妥協点を見いだすことができるようにします。

　本書では，目的を達成させるために，訴求対象者との利害を確認していくことで，建設的妥協点を見いだせるようにするために用いています。

論理構築 に用いるフレームワーク

AIDMAの法則

A	【Attention】 注意
I	【Interest】 興味
D	【Desire】 欲求
M	【Memory】 記憶
A	【Action】 行動

▶ 主な使用場面と使い方

　AIDMAの法則とは，認知段階である「Attention（注意）」→感情段階である「Interest（関心）」→「Desire（欲求）」→「Memory（記憶）」→行動段階である「Action（行動）」という消費者の消費行動における心理的プロセスモデルを利用した説明の手法です。

　本著では，訴求対象者に記憶をさせて行動に移させる際に必要な「AID」の3観点に着目をさせて活用しています。具体的には，購入へと行動させることができるように，訴求対象者のニーズにいかに対応できるかを意識させて活用させています。

Chapter2

プレゼンテーションを位置付けた国語授業の実践

1年 話すこと・聞くこと　教材：故事成語—矛盾（三省堂他）

1 故事成語で童謡をつくろう

▶ 単元の概要と指導計画

つけたい力

情報収集力
・課題に適した故事成語を集め，条件をもとに情報を整理・分析する。

論理構築力
・童謡として提案する故事成語の内容が価値あるものであることを，園長の提示した条件を根拠に論理を組み立てる。

説明力
・条件を満たす提案であることを創作した童謡をもとに説明するとともに，条件に即さないデメリットをカバーできるアイデアを伝える。

ねらい

　園長の提示した留意点と合致していることを根拠に，提案する童謡のベースとなる故事成語の価値を説明することができるようにする。

学習課題

　先日，小学校の国語の教科書を見る機会があり，ずいぶん教科書も変わっていることに驚きました。低学年では，昔話や神話，中学年では，俳句や故事成語，高学年では古文や漢文などを扱うようになっているようです。園でも，これまで日本の昔話の読み聞かせをしてはきましたが，故事成語などを使って何かできないかと思います。北原白秋「待ちぼうけ」のように，故事成語をもとにオリジナルの童謡をグループで一作品つくってもらえませんか？　配付したプリントに留意事項を書いています。参考にしてください。

童謡を作る際の留意点
1　幼児が親しみをもって歌えるもの。
2　幼児の学びにつながる内容がメッセージとして伝わってくるもの。
3　幼児の成長過程において，不適切な内容や表現が見受けられないもの。

30

時	主な学習活動	主に使用する フレームワーク

<table>
<tr><td colspan="3">**収集する段階** 園長が示した3つの留意点をもとに，童謡にリライトするのにふさわしい故事成語を調べ，集めさせる。ここでは，目的に応じた故事を選択できるように，3つの留意点を記載した情報カードを配付し，留意点に沿って情報を記入させる。</td></tr>
<tr><td>1
2~3</td><td>・提示された学習課題から，活動内容を捉える。
①学習課題を分析し，課題解決に向けて行うべき事柄を確認する。
②参考に，「まちぼうけ」（北原白秋）を視聴し，配付された故事成語（守株）と歌詞を読み比べる。
・課題に適した故事を調べる。
①3つの留意点をもとに，課題に適した故事を収集する。
②3つの留意点から収集した故事の内容を分析し，情報カードに書く。</td><td>情報カード</td></tr>
<tr><td colspan="3">**整理する段階** 各自でもちよった故事を3つの留意点から検討させる。ここでは，課題に適した故事を選出することができるように，SW分析を行わせ，優先順位を考えさせる。</td></tr>
<tr><td>4</td><td>・各自で選んだ故事成語が，提案性のあるものかどうかを話し合う。
①前時に作成した情報カードをSW分析表にあてはめ，提案できるものを決定する。</td><td>SW分析</td></tr>
<tr><td colspan="3">**表現する段階** 童謡創作と園長への提案原稿を作成させる。ここでは，課題に適した故事を選んだことを伝えることができるように，3つの留意点に即して理由と根拠を明確に示すことができるPREP法を取り入れる。</td></tr>
<tr><td>5~6
7~8
9</td><td>・決定した故事の現代語をもとに，歌詞を作成する。
①メロディーを検討する。
②メロディーのリズムに合うように，歌詞を作る。
・提案するための原稿を作成する。
①原稿作成の際のフォーマット（PREP法）の説明を聞く。
②フォーマットをもとに，内容を考えながら，原稿を作成する。
・提案発表する。</td><td>PREP法</td></tr>
</table>

単元の指導計画（全9時間）

評価規準
・条件に即して故事を分析して，提案内容としてふさわしいものを選択できる。
・童謡に用いた故事の価値を，園長が提示した3つの留意点との関係性を根拠にして，提案内容を作成できる。
・園長の提示した3つの留意点に配慮していることを説明できる。

1年 話すこと・聞くこと

▶ 授業の実際①　収集する段階（第３時）

留意点に適した故事を収集する。

❶故事を分析する視点を確認する（10分）

T　あなたが選んだ故事が学習課題のねらいに合致しているかどうか分析してみましょう。園長の示した留意点は何でしたか？

S　幼児が親しみをもって歌えるものか，幼児の学びにつながるようなメッセージがあるか，不適切な表現などがないかどうかです。

T　そうですね。その視点で皆さんが選んだ故事を分析しましょう。

> ポイント　選んだ故事が提案するものとしてふさわしいかどうかを確認するための視点について共通理解を図る。

❷３つの留意点をもとに，提案しようとする故事成語を分析する（30分）

（机間指導による生徒との対話）

T　あなたが選んだ故事は何ですか。３つの留意点をクリアできていますか。

S　私は「画竜点睛」を選びました。ストーリーは，絵を描いているときの話なので，特に問題ないと思います。また，龍が出てくることと，目を描くと本物の龍になって天に飛び去るところは，ワクワクすると思います。学びも，ものごとには大事なところがあることや，抜けているところがあると，完成したことにならないなどを伝えられると思います。

> ポイント　故事の内容が学習課題のねらいに即したものであるかを分析させる。

❸情報カードにまとめる（10分）

T　学習課題から導き出した３つの留意点をクリアできていましたか？　今から情報カードを配付します。３つの留意点のうちピンクのカードには提案しても大丈夫な点，青いカードには不安だなと思う点を書いてください。

> ポイント　提案する故事のメリットとデメリットの両方を把握させる。

Frameworks

【画竜点睛】(『歴代名画記』)
＊親しみやすさ○
・竜が出てくるので、楽しめる。
・結末に驚きがあるので、面白い。

【画竜点睛】(『歴代名画記』)
＊メッセージ（幼児の学び）○
・最後の大切なところに手を加え、完成させる。
→肝心なところが抜けないようにする。

【画竜点睛】(『歴代名画記』)
＊ストーリー○
「目を描くと竜が飛び去っていくので描かない」というお坊さんの言うことをでたらめだと周りの人は思っていたけど、本当に目を描いたら、天に飛び去ったという話。

【画竜点睛】(『歴代名画記』)
＊メッセージ（幼児の学び）△
・【画竜点睛を欠く】の方が使われていて、わかりやすい。
・本物の竜となって飛んでいくところから、メッセージが幼児に伝わるかどうかわからない。

1年 話すこと・聞くこと

――― フレームワーク活用のポイント ―――
■情報カード

　ここでは、事前に観点として提示した3つの留意点に基づき、情報を整理するために活用しました。また、班による提案としているため、次の段階で行うSW分析で情報カードを活用も念頭に置いて作成させています。

▶ 授業の実際②　分析する段階（第４時）

各自がもちよった故事の中で，最も提案するにふさわしい故事成語を決める。

❶情報カードをSWボードに貼り付け，分析する（7分）

T　前時に，各自で選んだ故事を３つの留意点から分析しましたね。今日は，このSWボードに情報カードを貼り付けて各故事成語の強みと弱みを比べながら，最も適した故事を選びましょう。

> ポイント　故事を決める比較の視点を明確にして，共通理解を図る。

❷提案する故事成語を決める（30分）

（学習班での対話）
S１　幼児の学びだと，約束を守る大切さを伝えられる「移木の信」だね。
S２　弱みの「不適切な表現」があるからダメだよ。
S２　ストーリーなら，「人間万事塞翁が馬」か「画竜点睛」だね。
S４　「人間万事塞翁が馬」は親しみやすさに弱みがあるけど，大人になると大切になる考え方だと主張したらどうかな？
S３　逆に「画竜点睛」は，本物＝完成だから，わかりやすいと思うんだけど。

> ポイント　W（弱み）に着目させ，改善策の必要性の有無を検討させる。

❸提案する故事成語の弱みに対する改善策を検討する（13分）

（学習班での対話）
S２　歌詞を変えなくていい「画竜点睛」でいいかなと思う。
S１　幼児の学びについて，わかりやすく説明しようか。
S３　故事では無理だから，他の例を出そうよ。幼児のお絵かきの時間を例にして説明するのは？

> ポイント　W（弱み）が足かせにならないように，改善策を考えさせる。

Frameworks

S	W
【移木の信】(『史記』「商君伝」) ＊メッセージ（幼児の学び）○ ・約束は必ず守る。 ＊ストーリー△ 　法律を発令するときに国民の信頼を得るために，門の木を移動させたら賞金を与えると約束し，ちゃんと守った。	【移木の信】(『史記』「商君伝」) ＊親しみやすさ△ ・約束の内容がお金。
【画竜点睛】(『歴代名画記』) ＊メッセージ（幼児の学び）○ ・最後の大切なところに手を加え，完成させる。 ＊ストーリー○ 　天に昇るから竜の絵に目は描かないというお坊さんの発言を誰も信じないので，目を描いたら，実際に本物の竜となって天に昇った。 ＊親しみやすさ○ ・竜が出てくるので楽しめる。結末に驚きがあり面白い。	【画竜点睛】(『歴代名画記』) ＊メッセージ（幼児の学び）○ ・【画竜点睛を欠く】の方がよく使うし，わかりやすい。 ・本物の竜になって飛んでいくところと，メッセージがうまく幼児に伝わるかどうかわからない。
【人間万事塞翁が馬】(『淮南子』「人間訓」) ＊メッセージ（幼児の学び）○ ・人生は，何がおこるかわからない。 ＊ストーリー○ ・おじいさんと村人の話が真逆で面白い。意外性がある。	【人間万事塞翁が馬】(『淮南子』「人間訓」) ＊親しみやすさ△ ・人生なので，考え方っぽい感じで難しい。
【聞鶏起舞】(『晋書』「祖逖伝」) ＊メッセージ（幼児の学び）○ ・努力は実を結ぶ。 ＊ストーリー○ 　仲良しの2人が同じ目的をもって一生懸命努力して優れた人材となり，世の中で認められる。	【聞鶏起舞】(『晋書』「祖逖伝」) ＊親しみやすさ△ ・剣術が刃物なので，刃物で遊ぶかもしれない。

―― フレームワーク活用のポイント ――
■ SW分析

　ここでは，複数の提案内容から最も課題にふさわしい故事を選ぶための優先順位をつけることができるように活用しました。また，W（弱み）を明確にして改善策を検討させることにも活用しました。

授業の実際③　表現する段階（第7〜8時）

相手を納得させられる文書を作成する。

❶原稿を作成するためのフォーマットを確認する（15分）

T　提案するにあたって，原稿を作成してもらいます。どんな原稿を書くとよいと思いますか？

S　選んだ故事が留意点に合っていることを伝えることができる原稿を書くとよいと思います。

T　（2つのモデル文を提示する。A：PREP法を用いた文章　B：主張（P）と具体的説明（E）を組み合わせた文章）ここに，2つのモデル文があります。AとBを見比べて，気付くことはありますか。

S　AもBも，最初に言いたいことが書かれています。

S　両方にあるのは，なぜその主張をするのかという具体的な内容です。

S　Aには，最後にまた主張が書かれています。

S　Bでも伝わるけれど，Aには具体的な説明が何のためにされているのかがわかる「理由」が書かれているので，Bよりわかりやすいです。

S　Aの具体的な内容のところは，「まず・次に」とあるように順番に書かれているから，説明がわかりやすいです。

T　どちらのパターンで書くと，より説得力があると思いますか。

S　Aの方が何を言いたいのかを具体的に説明していて，伝えたいことを最初と最後に2回も言うので印象に残りやすいし，説得力があると思います。

T　では，Aのモデル文のフォーマットを配付します。Pは「point」で，主張や結論，つまり提案の要点を書きます。Rは「reason」で，提案理由を書きます。Eは「example」で，理由を裏付ける根拠を書きます。ここでは，3つの留意点をここに書くといいですね。さっき，気付いたことにでも出ていましたが，最初と最後に主張を述べる形を「双括法」と言います。2回言われると，より説得力が増しますよね。

ポイント　PREP法の特徴を捉えさせる。

❷フォーマットをもとに原稿にする内容を考える（20分）

（学習班での対話）
S1　Pは提案の要点だから，故事を何にしたか書くといいのかな。
S2　Rは提案理由だから，「園長のリクエストにふさわしいから」と書くといいよね。
S3　Eは具体例だよね。留意点をもとにSW分析で確認した内容の「S」を書くといいね。せっかく改善策も考えたから，「W」も書いて改善策を書こうよ。
S4　最後に「だから，この故事を選びました」と書くと終わりだね。

> **ポイント**　PREP法を用いて，文章構成の在り方を確認させる。

❸原稿を完成させる（65分）

（学習班での対話）
T　「PRP」は検討がついているようですね。一番大事なのは「E」ですね。理由を支える根拠として何を書けばよいですか。
S2　「E」には，3つの留意点に対する考えを書けばいいと思います。
T　SW分析で使ったカードを利用すると文章が作りやすいですよ。
S4　ありがとうございます。あとは，W（弱み）だね。前にS3がお絵かきの時間を例にしようと言っていた改善策を使おうよ。
S1　絵が完成するときに「画竜点睛」の童謡を歌うように提案したら，やっていることと歌の内容がつながってメッセージは伝わるんじゃない。
S2　そうだね。実際にお絵かきの時間はあるし，絵を完成させるときに歌えば使えるとPRするといいね。

> **ポイント**　3つの留意点と提案する故事との関係性を説明させる。

Frameworks

P	・僕たちは，童謡にする故事成語を，「画竜点睛」(『歴代名画記』)にしました。
R	・なぜなら，この故事成語なら，課題にある３つの留意点が入っているので，童謡にするといいと思うからです。
E	・まず，留意点にあるストーリー性についてです。この故事成語は「『目を描くと竜が飛び去って行くので描かない』というお坊さんの言うことをでたらめだと周りの人は思っていたけど，本当に目を描いたら，天に飛び去った」という内容です。ここには，幼児が怖がるような内容は書かれていないので，安心して教えることができます。 ・次に，親しみやすさについてです。この話は，竜が出てきます。幼児は，想像上の生き物に興味を示します。そして，ストーリーでもわかるように，目を描くことで絵だった竜が本物の竜となって飛んでいくというのは面白いので，楽しめると思います。 ・ただ，「最後の大切なところに手を加え，完成させる」というメッセージは幼児にはわかりにくいかもしれません。でも，幼児は，絵を描く時間などがたくさんあると思います。幼児が絵を完成させるときに「画竜点睛」と言って童謡を歌うと，メッセージが通じると思います。
P	・以上の３つの視点から，私たちは「画竜点睛」を童謡にするとよいと考えました。

―――― フレームワーク活用のポイント ――――

■PREP法

今回の単元では，園長の提示した３つの留意点を押さえた提案であることが求められます。そのため，３つの留意点について問題がないことを具体的に説明する必要があります。そのため，ここでは，理由と根拠を確実に書くことを意識でき，最初と最後に主張をもってくることで園長の心を動かし採用させるように促すことができるPREP法を活用しました。

特に大切になる「E」の部分に，幼児へのメリットを書くように指示しました。

生徒が作成した提案書と歌詞

【提案書】
＊親しみ度＊　★★★★★
　○竜は想像上の生き物で，ゲームなどにも出てくる。
　○カッコイイ生き物。　○本当に竜が飛んでいくところが面白い。
＊学び度＊　★★★★
　○意味
　　・最後の大切なところに手を加え，完成させる。
　　・お絵かきの時間で，完成間近のときに，この歌を歌わせると故事成語の意味もわかり，幼児が絵を完成させる楽しさと一緒に童謡も楽しめる。
＊ストーリー性＊　★★★★★
　○内容
　　・「目を描くと竜が飛び去っていくので描かない」というお坊さんの言うことを，でたらめだと周りの人は思っていた。でも，本当に目を描いたら，天に飛んでいった。
　　・幼児が怖がるような内容は書かれていない。

【歌詞】
金陵の安楽寺の／壁に竜の絵を描いた
しかし，目は描けていなかった／描くと飛んでいってしまう
そんなのは　あなたのでたらめだ／そんなこと　あるわけないさ
それなら　描いてみればいい／仕方ないから　描いてやろう
そしたら雷鳴って／壁がふたつに割れた
すると　竜が出てきて／そのまま　飛んでった

1年 話すこと・聞くこと

2 ブックトークで本の魅力を伝えよう

▶ 単元の概要と指導計画

つけたい力

情報収集力
・決定したテーマに即して,訴求対象に応じた本を選定する。

論理構築力
・訴求対象ごとに選択した本と本に関係性をもたせながら,ブックトークで話す内容を構成する。

説明力
・テーマに即して提案した本の概要や一部を取り上げながら,各本の面白さを伝える。

ねらい

テーマに即して,訴求対象に応じた情報提供を考慮したブックトークの原稿を作成することができるようにする。

学習課題

　市内の小・中学校の図書室と市の図書館と連携して,読書活動を推進することになりました。そこで,この学校では,読書の楽しみに気付き,本を読みたいと思わせるように,ブックトークを行うことになりました。来月の第3土曜日にある「Library Selection」で各ブースに分かれて,地域の方にブックトークを実施します。当日来られた方には資料としてブックトークで扱った本の紹介プリントを配付しますので,作成してください。
　この地域の子どもから大人まで,たくさんの人が来館されるので,ブックトークで紹介した本の中から1冊でも興味をもってもらえるように,楽しいブックトークをしましょう。

時	主な学習活動	主に使用する フレームワーク
収集する段階	自分で決めたテーマに即して，本を収集させる。ここでは，本の紹介をすることがブックトークの役割であることを意識することができるように，情報カードにおよその対象者と内容の難易度を記入させる。	
1	・テーマを考え，本を探す。 ①学習課題を確認し，ブックトークのテーマを決める。 ②テーマにあった本をさまざまなジャンルから探す。	情報カード KJ法
整理する段階	ブックトークで扱う本の目星をつけさせる。ここでは，収集した本の中からブックトークで扱う本の優先順位を決めることができるように，本への興味・関心の高まりと本の内容の難易度を軸としたペイオフマトリクスを取り入れる。	
2～3	・テーマに即した本を決定する。 ①情報カードをもとに，ブックトークに採用する本に目星をつける。 ②視聴したブックトークから原稿作成に必要な情報を確認し，採用する本のPR内容をまとめる。	ペイオフ マトリクス
表現する段階	ブックトークの原稿を作成させる。ここでは，本と本との内容のつながり等を考えることができるように，原稿作成の際，フォーマットを配付するとともに，本と本との共通点や相違点などに着目するよう指示する。	
4～6	・ブックトークの原稿を作成する。 ①フォーマットをもとに，紹介する本の順番を検討する。 ②ブックトークの原稿を作成する。	

単元の指導計画（全6時間）

評価規準
・訴求対象とテーマをふまえて，本を取捨選択することができる。
・本の内容をもとに，前後の本を，どのように関連付けるかを考えながら，ブックトークの内容をまとまりのある構成にすることができる。
・提案した本を訴求対象が読んでみたいと思うように，各本のウリとなる部分に着目した説明をすることができる。

授業の実際①　収集する段階（第1時）

テーマを決めるとともに，テーマに即した本を選ぶ。

❶ブックトークのイメージをもち，学習課題を確認する（15分）

（ブックトークを演示する。）

T　地域の図書館との連携事業で，来月実施される「Library Selection」でブックトークをすることになりました。地域の方がたくさんお越しになるので，頑張って取り組みましょう。

T　それでは，各自で，ブックトークのテーマを決めてください。

　ポイント　学習活動の目的を捉え，ブックトークの仕方を確認させる。

❷テーマを決める（10分）

（机間指導による生徒との対話）

T　あなたはどのようなテーマにしましたか？
S　私は，「変身」をテーマにしました。
T　なぜ，そのテーマにしたのですか？
S　このテーマなら，ファンタジーにもあるので子どもも楽しめるし，私が読んだことのある本の中にも変身をテーマにした作品がいくつかあるからです。

　ポイント　できるだけ多くの対象者が本に関心をもつことができるようなテーマにさせる。

❸テーマに合った本を探す（25分）

T　テーマが決まった人は，テーマに即した本を図書室の中から探していきましょう。本のジャンルは問いません。できるだけいろんな分野から本を探してみましょう。使えそうな本があれば，情報カードに記入して，対象別に分けておきましょう。

　ポイント　ブックトークがひとつの分野に偏らないように配慮する。

Frameworks

1年　話すこと・聞くこと

幼稚園から小学校低学年

『ぶうたんのタオルで へんし～ん』
作：あきやまただし
【内容】
ぶうたんがタオルを使って，色々なものに変身する。

『まさかさかさま』
作：伊藤文人
【内容】
本をさかさまにすると，まったく違う絵がみえてくる。

小学校中学年から小学校高学年

『森のアーティスト』
文・写真：今森光彦
【内容】
昆虫の擬態の写真集。進化の不思議。

『石灰石のふしぎな変身』
著：板倉聖宣・犬塚清和
【内容】
石灰石の不思議。水と反応したり熱に反応したり，いろんなものに反応することで全く違う物質に変身する。

中学生

『ギリシャ神話（アラクネ）』
作：？
【内容】
アラクネは機織りの技術が高く，アテナにも勝てるといい挑戦する。しかし，織物の内容が神様を侮辱するものだったので，アテナが怒り，アラクネの顔を叩く。その後，アラクネは自殺したが，アテナによりクモに姿を変えられ，生き続ける。

『弟の戦争』
作：ロバート・ウェストール
【内容】
弟は弟なのに，弟は，「自分は少年兵だ」と言い，湾岸戦争のイラクの少年兵・ラティーフになってしまった。弟が違う人間になったことで，戦争について考えさせられるお話。

高校生から大人

『変身』
作：フランツ・カフカ
【内容】
ある朝，目が覚めると，主人公のグレーゴル・ザムザは，巨大な虫に変身していた。

『デンドロカカリヤ』
作：阿部公房
【内容】
ある日，コモン君は路端の石を何気なく蹴とばしてみた。こころのなかに植物みたいなものが生えてくるのを感じたとき，デンドロカカリヤに姿が変わってしまった。

— フレームワーク活用のポイント —

■情報カード＋KJ法

　ここでは，テーマに沿った本をまずはたくさん収集させたいというねらいがあったため，情報の蓄積という面から情報カードを作成させました。また，収集した本をPRする対象者を明確にすることができるように，あらかじめラベルを提示して，KJ法を活用し，分類しました。

Chapter2　プレゼンテーションを位置付けた国語授業の実践　43

▶ 授業の実際②　整理する段階（第2〜3時）

ブックトークで採用する本を決定する。

❶情報カードをもとに，採用する本に目星をつける（10分）

T　「Library Selection」でのブックトークは子どもから大人まで聴きに来られます。情報カードに書いたメモは対象に偏りがありませんか。各対象1冊は盛り込まれたブックトークになるように目星をつけておきましょう。

> **ポイント**　各訴求対象を意識して，バランスを考えながら本を選択させる。

❷情報カードをもとに，ペイオフマトリクスを作成する（20分）

T　それぞれの本が各対象者の読書への興味・関心を高めるものであるかどうかを，内容と関連付けて検討しましょう。このフレームワークを使って（提示し，配付する）位置付けてみましょう。

> **ポイント**　二軸（興味・関心の高低と内容の難易）をもとに扱う本を決めさせる。

❸ブックトークを視聴し，原稿作成のポイントを捉える（70分）

T　今から，図書館の司書の先生方のブックトークを視聴します。どんな特徴があるか，あとで発表してもらうのでしっかり見ておきましょう。
　（司書の先生のブックトークの視聴）
T　どんな風にブックトークの原稿を作成していましたか。
S1　本の一部を読んで原稿を作成したり，クイズを出したりしていました。
S2　次の本の紹介が前の本の内容とつながっているのがすごいと思いました。また，易しい本から難しい本へと紹介されていたように思います。
T　そうですね。ブックトークでは，本と本とのつながりを大切にして話を構成することが求められます。ペイオフマトリクスを参考に，再度採用予定の本を通読し，つなぎとなる言葉を探し，順番を考えましょう。

> **ポイント**　モデルを通して，原稿作成の在り方を捉えさせ，提示する本の順番やPR内容を検討させる。

Frameworks

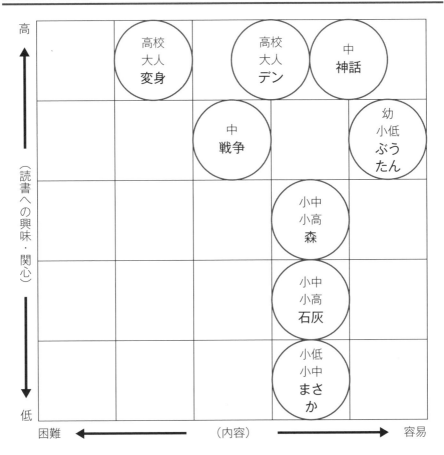

―――― フレームワーク活用のポイント ――――
■ペイオフマトリクス

　ここでは，収集した本の情報について，2つの軸をもとに，想定される訴求対象への影響力の度合いを検討させるためにペイオフマトリクスを活用しました。比較対象が多い場合は，SW分析より使いやすいと思います。

▶ 授業の実際③　表現する段階（第4〜5時）

ブックトークの原稿を作成する。

❶原稿を作成するためのフォーマットを確認する（15分）

T　いよいよ原稿を作成することになりました。原稿作成にあたって，サンプルを配付します。このサンプルは，「はじめに」「紹介」「まとめ」で構成されています。以前司書の先生のブックトークで気付いたことも参考にして，原稿を作成しましょう。

　ポイント　原稿を書きやすいように，フォーマットを与える。

❷ブックトークで扱う本の順番を検討する（45分）

（机間指導による生徒との対話）

T　どんな順番で本を紹介していきますか。

S　私は，どんな風に「変身」しているのかをポイントにして，本の順番を決めようと思っています。

T　具体的に説明できますか。

S　たとえば，『ぷうたんのタオルでへんし〜ん』では，タオルという「もの」を使って変身していますが，『まさかさかさま』では，私たちの見方を変えることで今までみていたものが違うものに変身します。

T　「視点を変えると」というキーワードを大切にするといいですね。『森のアーティスト』の擬態は生きていく術として与えられたものですから，ギリシャ神話の「神様」と結び付けるといいかもしれませんね。

　ポイント　本の順序を考える際の視点を与える。

❸原稿と本の紹介プリントを完成させる（40分）

T　ある程度見通しをもてたと思いますので，先に示したフォーマットを活用して原稿を完成させましょう。

　ポイント　フォーマットを活用して，ブックトークの原稿を作成させる。

ブックトークの原稿

- いまから紹介するのは，『ぶうたんのタオルでへんし～ん』です。いろいろなタオルを使って，ぶうたんはいろいろなものに変身します。
★本を見せる。　内容を読む。

- ぶうたんは，自分でタオルを使って変身していましたが，今度は，読み手の私たちが見方を変えることで，今まで見ていたものが違うものにかわってしまう本を紹介します。『まさかさかさま』という本です。
★本を見せる。　絵を見せて，何に見えるか発表させる。

- さあ，では，本物の変身を見てみましょう。実は，自分の身体をうまく利用して他のものと同化するという変身の仕方をする生き物がいるのです。次は，『森のアーティスト』という本を紹介します。
★本を見せる。　写真を見せながら説明をする。

- この変身，実は「擬態」と呼ばれるものなのです。これは，神様が森の中で生きていくための手段として生き物に与えてくれたものなのです。神様は時々私たち人間もいろいろなものに変えてしまうことがあります。『ギリシャ神話』の中のお話を１つ紹介します。
★本を見せる。　アラクネのあらすじを紹介し，何に変身したか質問する。

- さて，日本の作家の中に，こんな変身物語をたくさん書いた人がいます。安部公房という人です。今日は，『デンドロカカリヤ』という作品を紹介します。
★本を見せる。　あらすじを紹介する。
- 主人公のコモン君は，何回か変身を繰り返します。ぜひ，読んで何回変身するのか確認してみてくださいね。

★冒頭を読む。
- 知っている人はいませんか。変身というと，この作品です。題名が「変身」。カフカの変身です。どうですか？　朝起きたら，自分が自分でなく，なにか変な生き物になっていたら……。

- いかがでしたか。他にも「変身」をテーマにした作品はたくさんあります。いろいろな本を手にとって作品の世界を楽しんでみてください。
★紹介できなかった本を並べる。

1年　話すこと・聞くこと

1年　書くこと

3 旅行のオプションを提案しよう

▶ 単元の概要と指導計画

つけたい力

情報収集力
- もともとのプランとのバランスをふまえ、顧客のニーズに合う情報を収集する。

論理構築力
- 旅行の目的となる3観点と顧客のニーズを論理の柱として、今回提案するプランが顧客のニーズに合致したものであることを提案書に示す。

説明力
- 顧客のニーズを満たした提案であることと、他の日程のプランとのバランスもよい提案であることを説明する。

ねらい

訴求対象のリクエストをふまえ、旅行の3要素を満たしたバランスのよいプランを提案することができるようにする。

学習課題

あなたは旅行会社の社員です。フリープラン2泊3日の長崎旅行を申し込んだお客様から、第2日の行き先の相談に乗って欲しいと電話がかかってきました。お客様は来週来店されます。それまでに、第1日と第3日のプランも考慮した上で、お客様が満足するオプションを提案しなさい。

時	主な学習活動	主に使用する フレームワーク
収集する段階	顧客の旅行プランを旅行の目的となる3観点で見直し,第2日のプランを立てるための情報を収集させる。ここでは,旅行プランと3観点のバランスを考慮した情報収集ができるように,ツリー図を取り入れる。	
1	・旅行プランや顧客のリクエストをもとに,旅行を満喫できる観光スポット情報を収集する。 ①旅行の目的となる3つの観点から,旅行プランの内容を見直す。 ②顧客にリクエストの有無を尋ね,第2日のプランを立てるための情報を収集する。	ツリー図
整理する段階	顧客のニーズをもとに,収集した情報の提案価値の有無を検討させる。ここでは,提案を検討しているほかの情報と比較できるように,マトリクスを取り入れる。	
2〜3	・顧客のリクエストを基に収集した情報の有効性を検討する。 ①マトリクスを用いて,リクエストの観点を軸に,収集した情報を比較し,その有効性を確認する。 ②旅行プランを見直し,移動手段や時間,距離などについて検討する。 ③提案する第2日のプランを決定する。	マトリクス
表現する段階	おすすめの観光スポットを組み込んだ旅行計画書を作成する。ここでは,顧客のリクエストである4観点とこちらで設定した項目をもとに条件を満たした適切なプランとなっていることを説明できるように計画書を作成させる。	
4	・旅行プランを作り直す。 ①おすすめ観光スポットの情報を確認する。 ②旅行プランを作り直す。	

評価規準

・顧客のニーズを満たした複数のスポットから,最もふさわしいスポットを選択することができる。
・3日間のプランのバランスを考慮して,旅行計画書を作成することができる。
・顧客のニーズに合致したプランであることを説明することができる。

授業の実際① 収集する段階（第１時）

課題を解決させるために必要な情報を確認する。

❶旅行目的の３観点から，旅行プランの内容を見直す（20分）

T 今回は，旅行プランを提案することになりました。
あなたたちが旅行に行くとき，どのような目的で行き先を決めますか？
S 私は，楽しく遊べるところはないかなと思って行き先を決めます。
S 僕は，例えば，世界遺産とか，観光ができるところを探します。
S 僕は，ご当地グルメを食べに，旅行に行きます。
T 旅行は主に「食べる」「遊ぶ」「見る」の３つの観点で行き先を決めることが多いですね。では，今回の旅行プランを今一度，この３つの観点で見直しましょう。

> **ポイント** ３つの観点で旅行プランを俯瞰させ，観点のバランスやプランの全体像を把握させる。

❷旅行プランを考えるための情報を得る策を検討する（30分）

T 旅行プランを３観点で見直すことができましたか。
S バスツアーがあるので，「見る」はたくさんありますが，「遊ぶ」が少ないです。「食べる」に関しては問題ないと思います。
T そうですね。観光スポットが多く，テーマパークのような体験活動等ができるようなスポットの情報はありませんでしたね。
では，３観点のバランスを考慮し，「遊ぶ」に関する情報を提供すればよいですか？
S だめだと思います。旅行に行くのは，お客様なので，お客様は，この旅行でどんなことをしたいのか，教えてもらう必要があると思います。
T では，あなたたちから，お客様にリクエストがあるかどうか質問を考えて尋ねて情報を収集しましょう。

> **ポイント** 課題解決のために必要な情報を顧客から収集する必要性を認識させる。

Frameworks

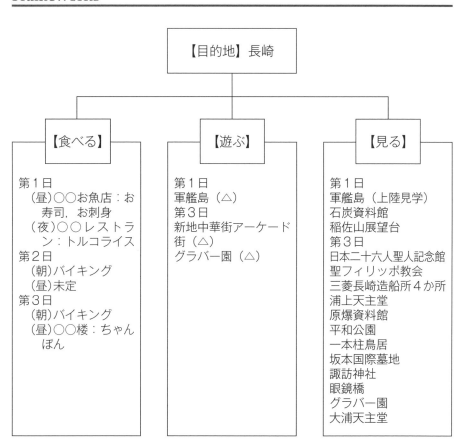

――――― フレームワーク活用のポイント ―――――
■ツリー図

　ここでは，顧客の旅行プラン（第１日と第３日）が旅行目的の３観点のバランスを俯瞰し，課題を見いだすことができるように活用しました。このフレームワークを活用することで，次の段階で提案する情報の見通しをもたせることができるようにしています。

授業の実際②　整理する段階（第2〜3時）
収集した情報が使える情報となり得るかどうかを多様な視点で検討する。

❶リクエストの観点を軸に情報を比較し，有効性を確認する（30分）
T　お客様のリクエストに示されている4つの観点を説明してください。
S　まず，家族全員で楽しめるものです。次に，長崎ならではのものです。そして，交通費等も含め，家族4人で16000円以内におさまるところです。最後に，リフレッシュできるようなところです。
T　その4つの観点に見合わなければ，お客様は納得してくれず，旅行もキャンセルになるかもしれません。あなたたちが選んだ情報が4つの観点に合っているかどうか確認しましょう。

　ポイント　顧客のニーズに基づいた情報提供の必要性を捉えさせる。

❷視点を設けて候補スポットを比較・検討する（65分）
T　ある程度，お客様に提案する観光スポットを絞ることができましたか？
　例えば，夏休みのイベントとして，世界一周旅行と沖縄旅行，どちらかに行けるとすると，どちらに魅力を感じますか？
S　世界一周旅行です。
T　そうですね。では，夏休みは1か月ほどありますが，この1か月で行けそうですか？
S　難しいと思います…。
T　あなたたちが提案しようとしているプランはどうでしょうか。お客様が提示した4つのリクエストをクリアできれば，そのプランは受け入れてもらえるでしょうか。大切なのは，実現可能であるかどうかです。どのような点を事前にリサーチしておく必要があるでしょうか。
S　あまりハードなものだと子どもがきつい思いをします。あと，時間がかかりすぎたりすると，最終日を楽しめないと思います。

ポイント 旅行などの限られた時間枠がある場合，顧客を納得させるためには，合理的な視点が必要であることに気付かせる。

❸観光スポットを決定する（5分）

T　旅行目的の3観点，お客様のリクエストによる4観点，そして実現可能であることを伝えるためのあなたたちが考えた「時間」の視点を根拠に，総合的に判断して，おすすめスポットを決定しましょう。

ポイント 提案する観光スポットが，どの視点からでも，根拠を明確にして肯定的に扱うことができるものであるかどうか判断させる。

Frameworks

	【候補A】 i＋Land nagasaki	【候補B】 長崎市科学館	【候補C】 長崎ペンギン水族館
家族全員 楽しめる	楽しめる	楽しめる	楽しめる
長崎 ならでは	・ペーロン体験ができる。 ・伊王島灯台バスツアーがある。 ・日帰りでも，オプション可能。 　　　　　　（要予約）	・展示室「長崎ゾーン」がある。 ・親子で楽しめる科学講座がある。 　　　　　　（要予約）	・世界で一番ペンギンの種類が多い。 ・世界最大級の淡水魚プラー・ブックがいる。 ・ふれあいペンギンビーチがある。
リフレッ シュ できる	・スパ，天然温泉がある。 ・サイクリングやつり等も楽しめる。	・プラネタリウムがある。	・ペンギンに癒やされる。 ・カヤック体験ができる。
予算 16000円 以内	・送迎バスあり（無料） ・日帰りプラン（例） 　　　　大人　1620円 　　　　小人　　880円 ・ペーロン体験 　　大人・小人　1500円 ・バスツアー 　　大人・小人　1000円	・バス（往復） 　大人300円　小人160円 ・入場料 　大人820円　小人410円 ・科学講座　無料	・バス（往復） 　大人480円　小人240円 ・入場料 　大人510円　小人300円 ・カヤック体験 　　　　　2人乗り770円

フレームワーク活用のポイント
■マトリクス

ここでは，候補として挙げられている複数の情報を，顧客のリクエストである4観点に，こちらで設定した時間の観点で比較し，最も適した情報を選ぶことができるように活用しました。

▶ 授業の実際③　表現する段階（第4時）

相手のニーズに応えた旅行計画書を作り直す。

❶おすすめ観光スポットの情報を確認する（10分）

T　これから，お客様に渡す旅行プランを作り直してもらいます。計画書には何を書けばよいでしょうか。

S　お客様のリクエストの4観点に対する答えを書けばいいと思います。

T　たとえば，どのような情報を提供すればよいですか。

S　家族全員が楽しめるという点なら，全員で一緒に活動できることか，家族それぞれがしたいことができるとことなどを書けばいいと思います。

S　リフレッシュできるという点では，自然にふれたり，癒やされたりすることができることを書けばいいと思います。

S　長崎ならではの点は，長崎にしかないことを伝えればいいと思います。

T　計画書には納得してもらえる情報を視点を明確にして書いてください。

　ポイント　顧客に提案するスポットの価値を提供できるように，顧客のニーズを満たすことができる情報をまとめさせる。

❷旅行計画書を作り直す（40分）

T　お客様に渡す旅行プランを作成しましょう。旅行プランには，第2日の行程を打ち込みましょう。右側の余白に，お客様のリクエストであった4つの観点がわかるように，より具体的にわかりやすく示しましょう。

ポイント 4つの観点を項立てにして，計画書に書き込ませる。

旅行計画書

		行動	場所
1日目	8:00	博多駅集合・出発	博多駅南口改札前
	9:00		
	10:00		
	11:00	長崎駅到着（ホテルに荷物を預ける）	
	12:00	出島ワーフにて昼食（お寿司・お刺身・海鮮丼）	○○お魚店
	13:00	出島観光	
	14:00	軍艦島ツアー	長崎港
	15:00	↓	高島港：石炭資料館
	16:00	↓	軍艦島：上陸見学
	17:00	↓	
	18:00	ホテル　チェックイン	
	19:00	稲佐山展望台にて夕食（トルコライス）	○○レストラン
	20:00	↓	
	21:00	稲佐山にて夜景観賞	
	22:00	↓	
	23:00	ホテル着	
2日目	7:00	朝食（バイキング）	
	8:00	伊王島シャトルバス出発	【基本料金】
	9:00	伊王島シャトルバス出発	交通費：無料（往復）
	10:00	↓	日帰りプラン　大人：1620円　小人：880円
	11:00	↓	【オプション】
	12:00	↓	★長崎ならでは＋家族で楽しめる
	13:00	↓	・マリンジェット：2,000円／15分（2名）
	14:00	↓	・ペーロン体験：1,400円（1名）
	15:00	↓	★家族で楽しめる＋リフレッシュできる
	16:00	↓	・レンタサイクル：大人　500円／120分
	17:00	↓	小人　300円／120分
	18:00	伊王島シャトルバス出発	★リフレッシュできる
	19:00	伊王島シャトルバス長崎駅到着	・温泉：500円（1名）
	20:00		・リラクゼーション：3000円〜5000円
	21:00		
	22:00	ホテル着	
	23:00		
3日目	7:00	朝食（バイキング）	
	8:00	ホテル　チェックアウト	
	9:00	長崎観光（バス観光）	日本二十六人聖人記念館　聖フィリッポ教会
	10:00	↓	三菱長崎造船所4カ所　浦上天主堂
	11:00	↓	原爆資料館　平和公園　一本柱鳥居
	12:00	新地中華街にて昼食（ちゃんぽん）	坂本国際墓地　諏訪神社　眼鏡橋
	13:00	↓	新地中華街（○○楼）
	14:00	↓	グラバー園　大浦天主堂
	15:00	↓	
	16:00	長崎駅出発	
	17:00		
	18:00	博多駅到着	
	19:00		

1年　書くこと

4 ポスターのボディコピーをつくろう

▶ 単元の概要と指導計画

つけたい力

情報収集力
- キャッチコピーを分析することで、ポスターに込められたメッセージを読み取り、情報として収集する。
- 実際に起こりうるという想定を訴求対象に理解してもらえるような根拠となる情報を収集する。

論理構築力
- ポスターに込められたメッセージを、より説得力あるものにすることができるような根拠や具体例を取り入れ、文章展開を考える。

説明力
- 身近な例や公的な根拠をもとに、保護者や生徒が、今後のスマホとの付き合い方を家庭で考えるきっかけとなるような説明をする。

ねらい

客観的なデータを用いて、キャッチコピーに込められた意味を読み手に伝え、日常を問い直す行動を促すことができるボディコピーを作成することができるようにする。

学習課題

大木中学校のPTAの方々が、PTA活動の一環として、スマホの使用についてのポスターを作成しています。ポスターに、より説得力をもたせることができるようなボディコピーをつけて、提案しなさい。

| | 時 | 主な学習活動 | 主に使用する
フレームワーク |
|---|---|---|---|
| 単元の指導計画（全5時間） | **収集**する段階 | ポスターに込められたPTAの方々のメッセージを読み取らせる。ここでは，ポスターに記された3種類のキャッチコピーから読み取った情報や収集すべき情報を把握することができるように，マトリクスを取り入れる。 | |
| | 1〜2 | ・ポスターのキャッチコピーをもとに，PTAの方々のメッセージを読み取る。
①ポスターに記されている3種類のキャッチコピーの内容を確認し，誰に対するメッセージであるかを話し合う。
②各キャッチコピーから読み取ることができるメッセージを話し合う。
③3種類の各キャッチコピーのメッセージの根拠となる情報を調べる。 | マトリクス |
| | **整理**する段階 | ボディコピーに書き記す内容を整理させる。ここでは，3種類のキャッチコピーに込められたメッセージから，核となる主張を決めた上で，その主張を成立させる論理を組み立てることができるように，三角ロジックを取り入れる。 | |
| | 3 | ・ボディコピーの内容を構想する。
①3種類のキャッチコピーのメッセージをふまえ，ボディコピーで示す内容を確認する。
②骨子となる論理を組み立てる。
③根拠となる情報の関係性を捉える。 | 三角ロジック |
| | **表現**する段階 | ボディコピーを作成させる。ここでは，ボディコピーの作成を通して読み手に行動を促すための論理の在り方を検討することができるように，説得型（PREP法）と提案型（DESC法）の2種類のフレームワークを提示し，選択させる。 | |
| | 4〜5 | ・ボディコピーを作成する。
①読み手の心を動かすことができるフレームワークを選択する。
②フレームワークに基づき，ボディコピーを書く。 | （選択制）
PREP法
DESC法 |

評価規準

・キャッチコピーから訴求対象とメッセージを読み取り，メッセージを支える収集すべき情報を把握することができる。
・ボディコピーに書く内容を，主張・根拠・理由の論理を明確にして整理することができる。
・意図的にフレームワークを選択し，訴求対象の心を動かすボディコピーを書くことができる。

授業の実際①　収集する段階（第1〜2時）

ポスターに記されているコピーから，PTAの方々のメッセージを読み取る。

❶ポスターに記されているコピーについて確認する（15分）

T　PTAの方々が作られたポスターですね。ここには，3種類のキャッチコピーが記されています。内容を確認しましょう。
S　「10時だよ！　スマホも体も充電タイム」
S　「あなたの子どもがスマホで何をしてるか知っていますか。」
S　「守ろうよ　家族で決めたスマホのルール」
T　では，これらのメッセージは，それぞれ誰に対するメッセージですか。
S　最初のメッセージは，私たち生徒に対するメッセージだと思います。
S　次のメッセージは，子どもという言葉があるので，保護者に対するメッセージです。
S　最後のメッセージは，子どもと保護者両方だと思います。

> **ポイント**　ポスターに記されているキャッチコピーは，それぞれ訴求対象が異なることを確認させる。

❷3種類のコピーから読み取れるメッセージを話し合う（35分）

T　ポスターには，このようなコピーは1つ程度であることが多いですが，3つもあるということには意味があるはずです。それぞれ，どのようなメッセージが込められているかを分析して，マトリクスをつくりましょう。
T　それでは，どのような観点で分析すればよいでしょうか。
S　この3つは，ポスターを通して気付いてほしい内容になっていると思います。だから，その理由を観点にするといいと思います。
S　気付いてほしい内容を，もっと具体的に整理するといいと思います。
T　よい提案ですね。対象（WHO）も含め，今の発言のように，キャッチコピーを作った理由（WHY）とキャッチコピーを通して伝えたい内容（WHAT）を軸に分析しましょう。

> **ポイント** 目的と理由を観点にして,キャッチコピーを分析させる。

❸3種類のコピーのメッセージを支える情報を調べる(50分)

(机間指導による生徒との対話)
T　ターゲットとなる保護者や生徒に,スマートフォンの扱い方を考え直してもらうには,どのような情報を使えばよいと思いますか。
S　例えば,「10時だよ…」のキャッチコピーなら,10時と限定しているところから,夜遅くまでスマホをしているということがわかる情報があるといいと思います。また,夜更かしが身体に悪いという情報や規則正しい生活の大切さが伝えられる情報があるといいと思います。

> **ポイント** 各キャッチコピーに適した情報を根拠として探させる。

Frameworks

	A:10時だよ！スマホも体も充電タイム	B:あなたの子どもがスマホで何してるか知っていますか。	C:守ろうよ　家族で決めたスマホのルール
WHO	生徒に対して	保護者に対して	生徒と保護者に対して
WHY	・夜遅くまで,スマホをさわっている生徒が多いから ・スマホ依存症の人が多いから	・子どもがスマホで犯罪に巻き込まれるなどの事件が増えているから ・LINEなどのいじめも多いから	・ルールを守っていない生徒がいるから ・ルールがあると,欲求をおさえられるから
WHAT	・生活サイクルをこわしてほしくない	・スマホの危険性を知ってほしい	・本人も含め,家族全員で危険から身を守ってほしい
DATA	・青少年のインターネット利用環境実態調査(総務省) ・学年別1日ネット利用時間 ・スマホ所有率	・青少年のインターネット利用環境実態調査(総務省) ・スマホ利用内容 ・実際のニュース ・SNS(いじめ,出会い系等)	・青少年インターネット環境整備法 ・ルールを決めていても,保護者と子どもで認識が違う

フレームワーク活用のポイント

■マトリクス

　ここでは，3種類のキャッチコピーの内容を，対象（WHO）理由（WHY）目的（WHAT）の視点を基に分析し，比較できるように活用しました。また，この分析を通して，どのような情報を根拠として収集すればよいかをつかませるためにも活用しました。

▶ 授業の実際② 整理する段階（第3時）

ボディコピーに書く内容を検討する。

❶ボディコピーで示す内容を確認する（7分）

T　コピーには，それぞれ役割があります。あなたたちが書くボディコピーは，具体的に内容を示す役割があります。どのようなことを書けばよいでしょうか。次の文章を読んで話し合ってみましょう。

　ポイント　サンプルをもとに，ボディコピーに必要な情報を確認させる。

❷骨子となる論理を書く（13分）

T　ボディコピーの骨子を考えてもらいたいと思います。ここでは，三角ロジックを使って，まとめてください。
　（机間指導による生徒との対話）
T　どのようにボディコピーを構成しますか。
S　私は，「守ろうよ　家族で決めたスマホのルール」が一番大事なメッセージだと思っているので，これを主張にしたいと思います。
T　「家族でスマホのルールをつくって，守るような環境をつくってほしい」という主張を導く理由は何ですか？
S　スマホのルールをつくり，守らせるようにする大きな原因は，スマホを利用することで，自分の身に危険がふりかかってくるかもしれないからで

す。そうなると，悪い人生をすすまなくてはならなくなると思います。
T　では，スマホが原因で起こった事件などをデータとして根拠に挙げるとよいですね。

　ポイント　コピーとの関係性をふまえ，ボディコピーの骨子を考えさせる。

❸根拠となる情報の関係性を捉える（30分）

T　ボディコピーの役割は，具体を示すことです。では，三角ロジックのどの部分に注目すればよいですか。
S　根拠だと思います。
T　マトリクスを横軸で眺めてください。たとえば，「夜遅くまでスマホをさわっている生徒が多い」のは「LINEなどのいじめがあるから」かもしれません。だから，「ルールが守れない」のかもしれません。そう考えると，根拠となるデータも関連付けることができるかもしれませんね。

　ポイント　情報の関連性を見いださせることで，根拠を強化させる。

Frameworks

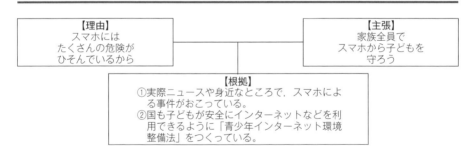

―――― フレームワーク活用のポイント ――――
■三角ロジック

　ここでは，ボディコピーの特徴から，具体例となる根拠について意識的にその情報の取捨選択をさせるために，三角ロジックを活用しました。

▶ 授業の実際③　表現する段階（第4時）

ボディコピーを作成する。

❶2種類のフレームワークを確認する（15分）

T　ここに2つのフレームワークがあります。見たことがありますね。
S　「DESC法」は，「ちょっと立ち止まって」で使いました（p.72参照）。
S　「PREP法」は，「童謡をつくろう」で使いました（p.38参照）。
T　そうですね。今回は，この2つのどちらかを選んで，ボディコピーを作ってもらおうと思います。

　ポイント　以前活用したフレームワークであることを想起させる。

❷フレームワークに基づき，ボディコピーを書く（35分）

（机間指導による生徒との対話）

T　　なぜ，「PREP法」を選びましたか。
S1　PREP法では，主張を最初と最後の2回伝えることになります。また，根拠をもとにスマートフォンの危険性を訴えかけるとわかってもらえると思います。PREP法の方が，私の気持ちがはっきりと伝わると思います。
T　　あなたは，なぜ「DESC法」を選びましたか。
S2　ボディコピーを読んで，スマートフォンの関わりを考えてほしいと思っています。提案型の方が，読み手の心を動かしやすいと思ったからです。

　ポイント　PREP法とDESC法の特徴を捉えて，ボディコピーを書かせる。

Frameworks

P	スマートフォンを子どもに持たせているみなさん，家庭でスマートフォンの使い方を見直してみませんか。
R	なぜなら，福岡県でもすでに1000人以上の子どもがスマートフォンに関する犯罪に巻き込まれていて，年々増加する一方だからです。
E	LINEのいじめ。課金ゲームの高額な請求。なぜか見知らぬ人からのメッセージ。その結果，IDの流出，そして悪用。もし，自分の子どもにこんなことがおこったらどうしますか。
P	大人であるあなたに，スマートフォンの怖さを理解して欲しいのです。そして，子どもたちが犯罪に巻き込まれないように，判断を間違わないように，一緒に考え，ルールをつくり，子どもの未来を守ってください。

D	警視庁の調査によれば，SNS等のコミュニティサイトでの子どもの被害がここ数年増加してきており，昨年度は，過去最高となっています。
E	これは他人事ではなく，いつ自分の身にふりかかってくるかわからないのです。悪魔の誘惑に負けて大きな事件にでも巻き込まれたら，あなたの人生は取り返しのつかないものになります。
S	被害にあわないようにするためにも，おうちの人と一緒にスマートフォンとのつきあい方を見直してみてください。
C	そうすることで，スマートフォンにすむ悪魔から自分の身を守ることができるはずです。

―― フレームワーク活用のポイント ――

■ PREP法

　今回は，「整理する」段階で，三角ロジックを活用したため，関連性をもたせることを目的として，「表現する」段階で提示をしました。

■ DESC法

　今回は，ポスターに「守ろうよ　家族で決めたスマホのルール」というコピーがあり，これが提案内容として提示できるものであるため，選択肢に組み込みました。

1年 読むこと 教材:「ちょっと立ち止まって」(光村図書)

5 新版「ちょっと立ち止まって」を提案しよう

▶ 単元の概要と指導計画

つけたい力

情報収集力
・書き手の主張と,その主張を支える理由や根拠の整合性や妥当性の有無を検討する。

論理構築力
・旧版に書かれた内容を取り入れることが書き手の主張をより強めるものになることを,新版との比較を用いて論理展開する。

説明力
・「角度」に関した段落を書くことで,旧版に書かれていた「角度」を追加することが書き手の主張をより確かなものにすることを伝える。

ねらい

新たな事例を加えることで,書き手の主張をより確かなものにする改善策を提案することができるようにする。

学習課題

　みなさんが持っている教科書に掲載されている「ちょっと立ち止まって」(新版)と,昔の教科書の掲載されているもの(旧版)とを比べると,新版では削除されたキーワードがあります。
　削除されたキーワードを用いて,より説得力のあるバージョンアップ「ちょっと立ち止まって」を書いてみましょう。

※本単元では,最初から課題を提示はせず,読み比べを通じて生徒たち自身で課題に気付かせる形をとる。

1年 読むこと

	時	主な学習活動	主に使用する フレームワーク
単元の指導計画（全7時間）	**分析**する段階	新版の文章の段落構成と展開を確認させる。ここでは，意味段落や展開，段落の役割を捉えることができるように，ツリー図を作成させる。	
	1	・本文（新版）を通読し，文章構成を確認する。 ①本文を通読し，あらすじを確認する。 ②書き手の主張を捉える。 ③段落構成を確認する。	ツリー図
	2〜3	・本文（新版）の展開を捉える。 ①主張・理由・根拠の関係性をピラミッドストラクチャーにする。 ②作成した図をもとに展開を確認する。 ③段落の役割と展開との関係を話し合う。	ピラミッドストラクチャー
	整理する段階	新版と旧版の読み比べをさせる。ここでは，旧版の主張にある語句「角度」の必要性を話し合うため，新しい段落用ツリー図を提示し，新版のツリー図と比較させる。	
	4	・本文の新版と旧版を読み比べる。 ①旧版を通読し，新版との違いを話し合う。 ②旧版の結論にある語句をキーワードに新たに段落用ツリー図を作成する。	ツリー図
	表現する段階	バージョンアップ版を作成させる。ここでは，筆者の主張に，より説得力をもたせることができるように，「角度」に関する文章を作成させる。その際，他の意味段落の書きぶりを確認させて参考にさせる。	
	5	・バージョンアップに必要な情報を探す。 ①旧版の語句「角度」について話し合う。 ②「角度」について説明できる情報を探す。	DESC法
	6〜7	・バージョンアップ「ちょっと立ち止まって」を提案する。 ①書き手の文章の書き方を分析する。 ②フォーマットをもとに，文章を書く。 ③作成した段落を提案する文章を書く。	

評価規準

- 主張・理由・根拠の関係性について，新版・旧版の構成・展開とそれぞれの課題を捉えることができる。
- 旧版との比較から新版の課題を導き出し，解決策として新たな具体例の段落を加えることで，提案内容を構成することができる。
- 「角度」が書き手の主張と合致していることを，新たな段落を作成することで説明することができる。

Chapter2　プレゼンテーションを位置付けた国語授業の実践

授業の実際①　分析する段階（第2〜3時）
教科書本文の段落構成と展開を捉える。

❶主張・理由・根拠の関係性をツリー図にする（35分）
T　書き手の主張はどの段落に書かれていますか。
S　第10段落です。
T　段落用ツリー図では，「結論」にあたりますね。説明的な文章では，主張を支えるために，「理由」と「根拠」を示すことが大切になります。では，「理由・根拠」は「序論」と「本論」のどちらに書かれていますか。
S　「本論」です。
T　「本論」にある，主張と理由，根拠の関係をツリー図にしましょう。

　ポイント　文章構成（序論・本論・結論）をもとに，段落の役割に着目したツリー図を作成させる。

❷作成したツリー図をもとに展開を確認する（30分）
T　今作成したツリー図を学習班で確認し合いましょう。
（ある学習班での作業における対話）
S1　私は，3つの理由と根拠を書いて主張とつなげてると思う。
S2　段落のツリー図も3つの意味段落だからこれでいいよね。
S3　僕も，同じように書いたよ。
S4　そうかな。意味段落2は意味段落1と見る視点が同じだと思うな。

　ポイント　構成の形式でなく，内容に着目して展開を考えさせる。

❸段落の役割と展開との関係を話し合う（35分）
T　作成したツリー図をもとに，文章の展開について説明してください。
S　第10段落に，「中心に見るものを変えたり，見るときの距離を変えたり」と書かれています。だから，この文章の見る視点は2つだと思います。意味段落2は，意味段落1の注意点だと思います。だから，2つの理由（5，

8段落）で主張を支えていると思います。

ポイント 結論となる主張に記されている内容に着目して，主張・理由・根拠の関係性を捉えさせる。

Frameworks

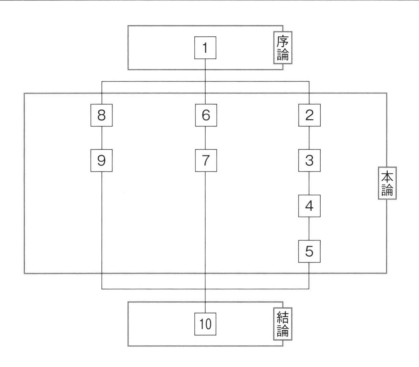

―― フレームワーク活用のポイント ――
■ツリー図

　ツリー図は，段落と段落の関係について確認する際に用いると便利なフレームワークです。小学校でもよく活用されるものですが，段落構成を可視化させて認識させるには使いやすいツールです。
　ここでは，意味段落を把握させることをねらいとして活用しています。

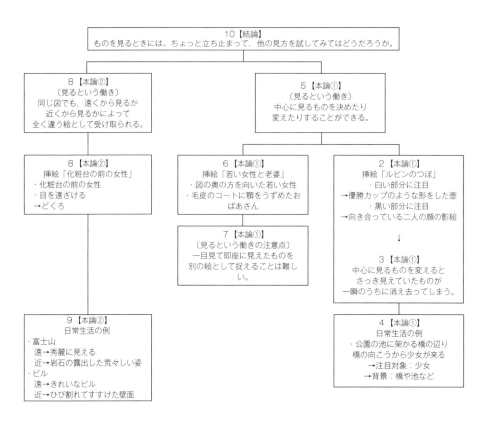

フレームワーク活用のポイント

■ピラミッドストラクチャー

　ここでは，主張を支える理由や根拠が確実に示されているかどうかを確認させるために，ピラミッドストラクチャーを活用しました。ロジックツリーのトップに書き手の主張を据えることで，なぜ書き手はそのように結論づけたのかについて，本文に即して理由と根拠を書き加えながら完成させていきます。書き手がどの点に重きをおいて説明をおこなっているかを捉えることができたり，説得力に欠ける部分等を見いだすことができたりします。また，段落の役割についても捉えやすくなります。

▶ 授業の実際②　整理する段階（第4時）

本文の新版と旧版を読み比べることで、説得力ある文章の在り方について話し合う。

❶旧版を通読し、新版との違いを見つける（15分）

T　旧版を通読しましたが、新版との違いを見つけることができましたか。
S　第10段落に「角度」という言葉があります。
T　旧版では、書き手の主張に「中心・距離・角度」の3つのキーワードがあったことになりますね。
S　でも、だまし絵は、旧版も新版も同じです。
T　そうなると、角度を変えて見る際に必要な具体例がないことになりますね。「角度」というキーワードはあった方がよいですか。
S　理由や根拠は多い方が説得力があるので、あった方がいいです。
T　では、あなたたちでバージョンアップ「ちょっと立ち止まって」を書いてみますか。

　ポイント　旧版と新版を読み比べることで、見いだした違いをもとに、どちらの文章が説得力があるかを考えさせる。

❷旧版をもとに、ツリー図を作成する（35分）

T　　もし、「角度」という語句が生きる文章にするなら、ツリー図の形が変わりそうですね。最低いくつの段落を追加したらよいでしょうか。
S1　意味段落3のように、2つあればいいと思います。
T　　（事前に作成しておいたツリー図を掲示し）その2つには、どのような内容を書けばよいですか。
S2　理由と根拠です。
S3　根拠には、だまし絵と身近な例も必要です。

　ポイント　ツリー図をとおして、書くべき内容や収集すべき情報を確認させる。

Frameworks

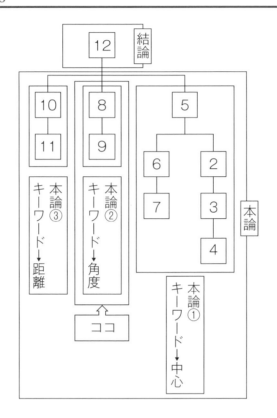

━━━━ フレームワーク活用のポイント ━━━━
■ツリー図

　ここでは，次の段階で実際に文章を書く活動に取り組ませるために，文章展開を意識させることができるようなツリー図を用いました。
　展開を意識させるためツリー図は，横のラベルをそろえて作成するので，同じ位置にある段落には同じ内容を書けばよいということがわかるため，書くべき内容を明確にすることができます。

▶ 授業の実際③　表現する段階（第6～7時）

バージョンアップ「ちょっと立ち止まって」を提案する。

❶書き手の文章の書き方を分析する（15分）

T　文章を追加して「ちょっと立ち止まって」を作るので，書き手がどんな風に書いているか意味段落3を分析しましょう。8段落はどうですか。
S1　まず図に注目する文があります。そして，その図の説明があります。
S2　どうみれば別の絵に見えるかの説明があり，見方を変えると全く違う絵になることが書かれています。
T　そうですね。では，9段落はどうですか。
S3　わかりやすい例が書かれています。

ポイント　本文をサンプルとし，追加段落のフォーマットの共通理解を図る。

❷フォーマットをもとに，文章を書く（35分）

T　はじめの段落には，「図に注目させる」「どんな絵が書かれているか」「別の見方をする方法の説明」「見方を変えると違う絵になる」という4つの文を書くとよいですね。次の段落には，「身近な例」を2つくらい書くとよいですね。では，集めた情報をもとに書いてみましょう。

ポイント　文章を書きやすくするために，フォーマットを活用させる。

❸作成した段落を提案する文章を書く（50分）

T　あなたたちは，「角度」に関する意味段落を追加しました。どうして，追加しようと考えたのですか。
S　この意味段落があった方がより文章に説得力が増すと思ったからです。
T　では，一度「角度」という語句を削除した書き手に納得してもらうためには，どのように提案したらいいですか。
S　「角度」の説明がないことが書き手の説得力を弱めていることを理解してもらえばいいと思います。

T　そうですね。では，DESC法を使って提案文書を書いてみましょう。最初のDには，この文章の説得力の度合い，つまり，説得力が弱いことを書きましょう。次のEには，説得力が弱い理由を書きましょう。そしてSには，説得力が増すように各自で考えた「角度」に関する意味段落のよさを書きましょう。最後はCです。Sで書いた「角度」に関する意味段落を足すと，説得力が増して書き手の主張がより伝わることを書きましょう。

ポイント　書き手のウイークポイントを補強する提案の価値を捉えさせる。

Frameworks

D	「ちょっと立ち止まって」は，今の教科書と昔の教科書では，書かれていることが少し違います。どちらも，少しだけ説得力が足りなくなっています。
E	新版には，旧版にあった「角度」という言葉がありません。旧版には，「角度」という言葉があるだけで，理由や根拠がありません。私は，「角度」という言葉を復活させるとよいと思います。
S	「角度」を復活させるためには，他の「中心」や「距離」のように，その理由や根拠を書けばよいと思います。 　私は，だまし絵に「馬とカエル」の絵を選びました。この絵は絵の向きを90度変えると，馬がカエルになります。これは「角度」を変えることになると思います。また，身近な例には，円柱をだすとよいと思います。上から見ると円形に見えて，横からみると長方形に見えて，斜めから見ると円柱に見えます。これも角度を変えることになります。 　こう書くと，「角度」を変えてみることの説明になると思います。これで，旧版の「角度」という言葉を消さずにすむと思います。
C	「角度」を復活させると，主張を支える理由と根拠が増えるので，「ちょっと立ち止まって」の書き手の主張がもっと伝わると思います。

フレームワーク活用のポイント
■DESC法

　このフレームワークでは，D（describe）で現状を描写し，E（express）で問題点等を示します。さらに，S（suggest）で問題解決法を提案します。最後に，C（consequence）でSの提案がよい結果となることを述べます。

　つまり，相手のウイークポイントを指摘した上で，提案内容がウイークポイントを補強するものとして価値あるものであることをPRできるものです。改善策等を提案させる学習課題で使用するとよいと思います。

1年　読むこと

生徒の作成したバージョンアップ「ちょっと立ち止まって」

　絵の真ん中あたりにカエルに見える人がいるのである。教科書を右回りに九〇度回して向きを変えてみよう。

　小学生のとき、立体図形を学習したことを覚えているだろうか。例えば円柱は、真横から見れば長方形に見えるが、上から見れば円形に見える。また、美術の時間に人物画を描くとき、向き合った状態で描けば顔を描くことになるが、一八〇度向きを変えれば、頭を描くことになる。このように、視点だけでなく角度を変えることでも、全く異なるものとして捉えることができるようになるのである。

　次の図を見てほしい。たてがみが美しい馬の顔が見えるであろう。けれども、この馬が、カエルに見える人がいるのである。教科書を右回りに九〇度回して向きを変えてみよう。どうだろう。同じ図でも、角度を変えることによって、全く違う絵として受け取られるのである。

［図］

　この図は何に見えるだろうか。左上に「FISH」と書かれている。左が口で右がしっぽの魚がお皿にのっているのがわかったはずだ。しかし、この絵の向きを変えると、「FISH」と書かれていた単語が「GIRL」に変わる。

　このように、角度を変えると違うものにみえるという経験はよくあるものである。例えば、半分水が入ったコップがあるとしよう。「まだ半分ある」と考えるか、「もう半分しかない」と考えるかで見方は変わる。これも、どんな角度からものをみているかということにつながるはずだ。

　また、日頃使っている筆箱も、文房具という視点でみると筆箱だが、素材という視点でみると、アルミとなる。つまり、見る位置や角度を変えると、どんなものでも違ったものに見えるのである。

［図］

※本単元は，篠栗町立篠栗北中学校教頭　大久保雅美先生（前福岡県教育庁教育振興部指導主事）よりアイデアをいただいたものです。

2年 話すこと・聞くこと

6 お国自慢
―福岡県をPRしよう―

▶ 単元の概要と指導計画

つけたい力

情報収集力
・伝える対象を想定し，提供する情報を検討する。

論理構築力
・聞き手を意識した話の構成を工夫する。

説明力
・資料を用いて，自分の考えがわかりやすく伝わるように表現を工夫する。

ねらい

訴求対象となる同じ世代の他県の中学生が福岡県の魅力を感じ取ることができる情報を説明することができるようにする。

学習課題

　大分県佐伯市立鶴谷中学校の先生と友達になった先生は，交換授業を約束しました。そこで鶴谷中学校の先生が提案してくださったのが「お国自慢」です。
　鶴谷中学校の生徒に，福岡県のよさをPRできるようなパンフレットを作成し，パフォーマンスしなさい。

　＊条件①　福岡県に「行ってみたい」と思わせること。
　＊条件②　パンフレットについては，紹介する内容について，ポイントを絞って簡潔に作文すること。

時	主な学習活動	主に使用する フレームワーク
収集する段階	福岡をPRするパンフレットを作成するために，福岡のおすすめの「ひと・こと・もの」を発表させる。ここでは，ランダムに発表させた情報を整理し，グルーピングすることができるように，KJ法を取り入れる。	
1	・提示された学習課題から，活動内容を捉える。 ①学習課題を通して，福岡をPRするパンフレットを作成することを確認する。 ②福岡の魅力について情報を出し合う。 ③出し合った情報のグルーピングをする。	KJ法
2〜3	・各班で選んだテーマに合った情報を収集する。 ①福岡の魅力としてPRできるものを，テーマに即して収集する。 ②パンフレットに掲載する情報を話し合う。	ロジックツリー
整理する段階	PR用パンフレットで使用する情報を確認させる。ここでは，収集した情報の中からパンフレットに掲載する情報を決めたのち，文章にするための詳細な情報の組み合わせを検討することができるように，ロジックツリーを取り入れる。	
4	・担当する情報について各自でパンフレットに掲載する内容を整理する。 ①担当する情報について詳しく調べる。 ②特徴をキーワードで整理する。 ③どの情報を掲載するか精査する。	ロジックツリー
表現する段階	パンフレットとVTR撮影のためのPR原稿を作成させる。通信販売のテレビを視聴し，購買欲求に訴えかける法則であるAIDMAについて説明した後，作成したパンフレットの情報を活用して，PR原稿のフォーマットとして取り入れる。	
5〜6	・パンフレットを作成する。 ①提供する情報を文章化する。 ②パンフレットに掲載する画像を選定する。	
7〜8	・ビデオ撮影のための，PR原稿を作成する。 ①通信販売のテレビを視聴し，PRする際のポイントを話し合う。 ②AIDMAの法則を知る。 ③パンフレットをもとに，原稿を作成する。	AIDMAの法則
9	・ビデオ撮影をする。	

単元の指導計画（全9時間）

2年 話すこと・聞くこと

評価規準

・伝える対象である鶴谷中学校の生徒に福岡への興味・関心を高めてもらえるような情報を検討することができる。
・行動欲求に訴えられるように話の構成を工夫することができる。
・視覚的な資料（パンフレット）の情報を関連付けて，福岡のよさを意図的にPRすることができる。

授業の実際① 収集する段階(第1時)

福岡の魅力を提案できる情報を検討する。

❶学習課題を確認する(7分)

T (学習課題を提示し)大分の鶴谷中学校の生徒に福岡のよさをPRするパンフレットを作成することになりました。パンフレットを作成するために,あなたたちが入手しておくべき情報は何でしょうか。

S 福岡のよさをアピールできるような情報があればいいと思います。

T では,どのようにすれば,福岡のPRができるのでしょうか。

S リーフレットやパンフレットなどを作ればいいと思います。

T よい提案ですね。実は,鶴谷中学校の先生からも提案していただいているので,ぜひPRして「福岡に行きたいな」と思ってもらえるようなパンフレットを作成してもらいたいと思います(プレゼンを提示する)。

> ポイント 学習課題をとおして,どのような学習活動を行えばよいか見通しをもたせた上で,本単元で学習活動について共通理解を図る。

❷福岡の魅力について情報を出し合う(18分)

T 紹介したい福岡の「ひと・こと・もの」を出し合ってみましょう。
S1 博多ラーメンです。
S2 福岡タワーや太宰府天満宮です。
S3 梅ヶ枝餅や丸ノ口古墳なども福岡ならではのものです。
T ノートに思いつくままを書き出してみましょう。

> ポイント 福岡のよさとして提供できるものを想起させる。

❸出し合った情報をグルーピングする(25分)

T 先生の方で,グルーピングするためのラベルを準備しました。例えば,「博多ラーメン」「梅ヶ枝餅」は「食べ物」になりますね。
S 丸ノ口古墳は「歴史」でいいですよね。

T　あなたたちが日頃使っている博多弁は「その他」にしておきましょう。
T　学習プリントを配付しますので、ノートに書いたものをどんどん発表して、グルーピングしていきましょう。

ポイント　事前に準備したラベルを用いて、提供できる情報をカテゴリー化させる。

Frameworks

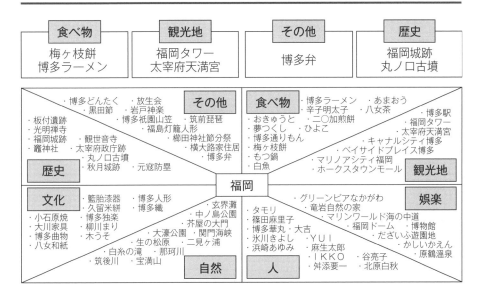

──── フレームワーク活用のポイント ────

■KJ法

　ここでは、生徒に必要な情報をランダムに想起させ、その後、情報の整理をするためにKJ法を活用します。カテゴリーを先に提示するのではなく、テーマに関して思いついた情報を書き込み、仕分けをする中で、グループ化したり（KJ法）、情報を取捨選択したり組み合わせたりすることで、自らの視点で幅広く情報を収集し、整理・分析することにつながります。

▶ 授業の実際②　整理する段階（第４時）

班のテーマに即して，パンフレットに掲載する情報を整理し，必要な情報を選択する。

❶担当する情報について詳しく調べる（7分）

T　前時までに各班の情報を整理しましたね。福岡をPRするためのカテゴリーは決まったので，鶴谷中学校の生徒が福岡へ足を運びたいと思うような，効果的な情報を収集しましょう。

> ポイント　カテゴリーに準じた情報について，できるだけ幅広く収集させる。

❷担当する情報をキーワードで整理する（30分）

（机間指導による生徒との対話）
T　あなたのテーマは何ですか？
S　パワースポットです。
T　作成したロジックツリーの中で，どの情報を提供するのですか？
S　私は，太宰府天満宮を選びました。なぜなら，同じ学年なので，来年に控えている受験を考えると，行ってみたい場所だと思うからです。
T　どのような情報に注目しましたか？
S　お参りするところなので，天満宮の由来や，御利益に注目しました。あとは，観光なので，お土産を調べました。

> ポイント　対象者を意識した情報を選択することを意識させる。

❸掲載する情報を精査する（13分）

（机間指導による生徒との対話）
T　どの情報をパンフレットに載せますか？
S　4つとも書こうと思っていましたが，このうち太宰府天満宮に来てもらうために必要な情報は，学問の神様である道真を祀っていることと牛の頭をなでると賢くなるという情報です。飛梅の情報は，受験をキーワードに

したことを考えると統一性がないので，書かないことにしました。
T　梅ヶ枝餅はどうですか。
S　せっかく太宰府天満宮にきたら，梅ヶ枝餅は食べてもらいたいので，載せようと思います。
T　情報の取捨選択ができたようなので，今の構想をもとに，原稿を作成しましょう。

ポイント　情報を俯瞰できる状態にすることで，目的に合った情報選択をさせる。

Frameworks

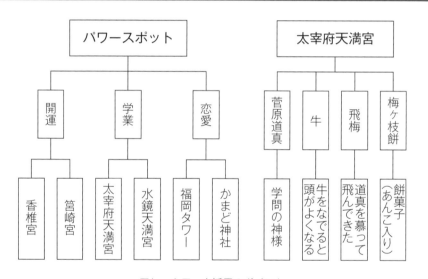

―――― フレームワーク活用のポイント ――――
■ツリー図

　ここでは，カテゴリーに準じた情報を，幅広く整理するために使用します。上位概念と下位概念との関係や具体と抽象との関係をもとにまとめさせることで，情報の全体像を俯瞰しながら，話の構成や展開を考えていくことにつなげます。

授業の実際③　表現する段階（第7〜8時）

行動欲求に訴えることができるような，ビデオ撮影のためのPR原稿を作成する。

❶通信販売の番組を視聴し，PRポイントを確認する。（15分）

（通信販売の番組を視聴させる。）

T　この番組では，商品を売ることを目的にしています。どんな風に商品を売り込んでいますか。

S　商品の使いやすさを，主婦目線で伝えています。

S　困り感を解消できる優れものとして売り込んでいます。

S　商品を購入してもらうために，おまけを付けています。

T　売り込む際に大切なのは，購入が予想される相手の心を読み，その心をいかにつかむかであるということがわかりますね。

> ポイント　人の心を動かすための売り込みの手立ての必要性を捉えさせる。

❷AIDMAの法則について説明を聞く（15分）

T　このように商品を購入したいと思わせるための法則を「AIDMAの法則」といいます。

T　A：Attention（注意），I：Interest（興味・関心），D：Desire（欲求），M：Memory（記憶），A：Action（行動）の頭文字をとって「AIDMA」といいます。

　買う側に最後の「A（Action）」を起こさせるためには，私たちがすべきポイントはどこにありますか。

S　「I（Interest）」の興味をもってもらうための商品PRだと思います。

S　興味をもってもらうには商品に目を向けてもらわなくてはならないから最初の「A（Attention）」も僕たちがすることだと思います。

S　ほしい商品はメモしたりするから，「M（Memory）」は購入する側の行動だと思うので，そうさせるための「D（Desire）」が一番大切な商品PRになると思います。

T では,「AID」を意識しながら,実際にPR原稿を考えてみましょう。
> **ポイント** AIDMAの法則を分析させることで,自分たちが情報提供する部分を確認させる。

❸ AIDMAの法則をもとに,原稿を完成する（70分）

（「太宰府天満宮」を選択した生徒との対話）

T 太宰府天満宮への興味（I）をひくためには,聞き手にどんな情報を与えるといいと思いますか。

S PRの相手は同じ中学生なので,パンフレットでもキーワードにしていた「受験」の情報を入れたいと思います。太宰府天満宮は学問で有名なところなので,受験や合格祈願について話すと,「この話題を聞きたい」と思ってもらえると思います。

T 太宰府天満宮で受験といえば,お守りだと思いますが,みんなが作ったツリー図の中にはないですね。

S お守りはみんな買ったことがあると思うので,「D」の部分にぜひ入れたいと思います。それから,太宰府天満宮のPRポイントは「牛」だと思うので,その情報を一緒に伝えたいと思います。

T お守りや牛で御利益をアピールできると,中学生の欲求（D）を喚起できそうですね。他に,パンフレットでは梅ヶ枝餅の情報も載せていましたが,PRではどのように盛り込んだらいいでしょうか？

S 受験や学問に関することとは別の魅力として,最後に付け加えます。「菅原道真が食べた」というエピソードと一緒に紹介すると,前の内容ともつながりそうです。

> **ポイント** 提供する情報の「ウリ」となる情報をどのような順序性をもって構成するかを整理させる。

Frameworks

A	太宰府天満宮について紹介します。
I	そろそろ受験シーズンになりましたね。 あなたが受験生のとき，合格祈願をしますか。 福岡にはたくさんの神社があります。 その中でも受験生は太宰府市にある太宰府天満宮に行きます。
D	太宰府天満宮には，学問の神様菅原道真がまつられていて，学問についてはとても御利益があるところです。 　他にもお守りを買ったり，そこにある牛の像の頭をなでたりすると頭が良くなると言われています。 　お参りだけではありません。 　菅原道真が食べたといわれる，餅の中に餡が入っていて外はカリカリ，中はモチモチでホカホカの梅ヶ枝餅も人気です。 　みなさんも行ったら，是非買ってみてください。

―――― フレームワーク活用のポイント ――――
■ AIDMA の法則

　AIDMA とは，A：Attention（注意），I：Interest（興味・関心），D：Desire（欲求），M：Memory（記憶），A：Action（行動）のことです。M（Memory）とA（Action）を対象者にさせるために，提案すべきポイントがわかりやすく示されています。

　通信販売を例として挙げて説明をしましたが，マーケティング理論として有名です。類似のものとして，「AIDA」「AIDCA」があります。

　話の構成や論理展開を考えさせる上で，相手の「I（Interest）」や「D（Desire）」に注目させることで，聞き手を意識させることができます。

生徒が作成したパンフレットの一部

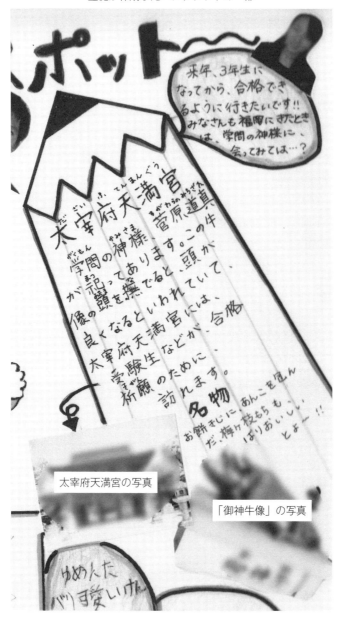

2年 話すこと・聞くこと

7 車を売り込もう

▶ 単元の概要と指導計画

つけたい力

情報収集力
・異なる立場や考えを想定しながら，伝え合う内容を検討する。

論理構築力
・自分の考えが明確になるように，根拠の適切さや論理の展開などに注意して，話の構成を工夫する。

説明力
・互いの立場や考えを尊重しながら話し合い，結論を導くために考えをまとめる。

ねらい

訴求対象の条件に合わせて，商品の情報を意図的に提供することで，聞き手の心情に訴える説明をすることができるようにする。

学習課題

あなたは，自動車会社の社員です。あなたの販売店に自動車の買い換えを検討しているお客様（B先生）が来店しました。
購入を決めてもらえるように，自社の自動車をPRしなさい。

◎お客様からのメッセージ
　＊条件①　購入の検討車種は，軽自動車である。
　＊条件②　複数の自動車会社をまわる予定である。
◎あなたへの条件
　＊条件①　お客様のニーズを意識して売り込むこと。

	時	主な学習活動	主に使用するフレームワーク
単元の指導計画（全9時間）	**収集**する段階	自動車を購入する際の視点を探り，B先生のニーズを知るためのアンケートを作成する。ここでは，消費者の立場から意見を集めて分析するため，BS法・KJ法を用いる。	
	1〜2	・提示された学習課題から，活動内容を捉える。 ①消費者の立場で，自動車を購入する際の着目点を話し合う。 ②自動車を購入しようと考えているB先生のニーズを知るための方法を話し合う。 ③アンケートの質問項目を考える。	KJ法
	3〜4	・B先生のニーズに適した自動車を分析する。 ①アンケートをもとに，B先生の理想とする自動車を分析する。 ②自分の班の担当する自動車を，4つの観点で分析する。	
	整理する段階	他の自動車との比較や，先生のニーズとの照合を通して，担当する自動車のPRポイントを検討する。ここでは，メリット・デメリットをわかりやすくするためSW分析を用いる。	
	5〜6	・自分の班の担当する自動車のウリを話し合う。 ①自分の班の自動車と他の班の自動車を比較し，メリットとデメリットを整理する。 ②先生のニーズと照合しながら，自分の班の担当する自動車のウリを決定する。	SW分析
	表現する段階	前時までで考えたウリをもとにプレゼンシートを作成し，それらを組み合わせてプレゼン原稿を作成する。ここでは，原稿作成のフォーマットをSDS法・PREP法・DESC法から選択させて使用する。	
	7〜8	・ウリをもとに，自分の班の担当する自動車のPR資料を作成する。 ①各自で担当するウリのプレゼンシートを作成する。 ②原稿作成の際のフォーマットを選択する。 ③選択したフォーマットを活用して，作成したプレゼンシートを組み合わせる。	SDS法 PREP法 DESC法
	9	・提案発表する。 ①B先生を前にプレゼンテーションを行う。	
評価規準		・買う側と売る側の立場の違いを考えながら，相手が求める情報を収集することができる。 ・担当する自動車の価値を十分に理解してもらえるように，予想される自動車の使い方を想定しながら，具体的に説明することができる。 ・購入側のニーズを満たせるような提案をすることができる。	

2年　話すこと・聞くこと

▶ 授業の実際①　収集する段階（第1時）

自動車購入の視点をもとに，B先生のニーズを把握できるようなアンケートを作成する。

❶自動車購入の視点を探る（10分）

T　あなたなら，どんな自動車を購入したいと思いますか。
S1　空色で，まるっこい，かわいい車がほしいです。
S2　事故に遭っても大丈夫なように，エアバッグがほしいです。
S3　バックモニターは，駐車するときに必要だと思います。
S4　車は高いので，買うときは，値段をまず考えると思います。
T　そうですね。今，挙げてくれた点をまとめていくと，「デザイン性」「機能性」「安全性」「経済性」の4つが購入の視点になりそうですね。

> **ポイント**　自動車を選ぶ際の基盤となる視点を分析させることで，売り込みにおける提案のポイントを意識させる。

❷先生のニーズを知る方法を話し合う（10分）

T　どんなに素晴らしい車でも，先生が買ってくれるかどうかわかりませんね。大切なのは，先生がどのような自動車を購入しようと考えているかです。どうすればあなたたちがその情報を入手できるか考えましょう。
S　アンケートかインタビューがあります。
T　どちらがよいと思いますか。
S　先生は忙しいので，インタビューだと時間をとってしまうと思います。だから，時間に余裕があるときに書けるアンケートがいいと思います。

> **ポイント**　相手のニーズを知ることから分析が始まることに気付かせる。

❸アンケート項目を話し合う（30分）

T　先程の4視点を取り入れ，グループでアンケート項目を考えましょう。

> **ポイント**　提案内容に関する視点を明確にさせて項目を検討させる。

Frameworks

＊購入の視点＊

- A ・見た目（色・形）
- C ・エアバッグ・サイドエアバッグ
- C ・スピード制御（お知らせ）
- B D ・ガソリン代
- A ・車内の広さ
- B ・座り心地
- B ・収納のよさ
- B C ・カーナビゲーション
- D ・車の金額
- B C ・バックモニター
- B ・スライドドア

A デザイン性	B 機能性
C 安全性	**D 経済性**

―― フレームワーク活用のポイント ――

■KJ法

　何かを購入する際には，購入者それぞれが「視点」をもっていることに気付かせるために，BS法を用いています。また，ランダムに挙げられていく中に，集約される視点があることに気付かせるために，KJ法を取り入れました。

　p.77の例とは異なり，複数のカテゴリに当てはまる情報（ガソリン代やカーナビなど）も，わかるようにまとめています。

▶ 授業の実際②　整理する段階（第6時）

担当する自動車のPRポイントを，先生のアンケートをもとに検討する。

❶先生のニーズをアンケートから分析する（7分）

T　今日は，アンケートをもとに，先生の求める車について考えましょう。今から，「デザイン性」「機能性」「安全性」「経済性」4つの視点で先生が求める車を分析してください。

ポイント　自動車の分析の視点との整合性を図らせる。

❷先生のニーズと担当の自動車の特徴を照合する（30分）

（学習班での対話）

S1　先生は，荷物がたくさん載せられる車がいいと考えているから，この車は，収納スペースもたくさんあるし，シートアレンジもできるから大きな荷物も大丈夫だね。

S2　事故についても，問題なく説明できるね。

S3　購入資金の面も本体価格が安いからすすめやすいけど，燃費は他の会社がいいから，先生のニーズとは合わないね。

ポイント　相手のニーズと照合させ，売り込める視点の有無を確認させる。

❸先生に売り込むためのPR内容を確認する（13分）

（学習班での対話）

S4　この班の車でPRできるのは，「機能性」「安全性」と本体価格だね。

T　マイナス点の「燃費」は，どの装備からもカバーできないですか。

S2　UVガラスの説明に，室内の気温上昇を抑えるから，燃費にも優しいことが書かれています。

S3　UVガラスで車のPRをして，燃費のこともついでに説明しようよ。

ポイント　売り込むためには，デメリットを少しでもメリットに見せる方策も取り入れる必要があることを認識させる。

Frameworks

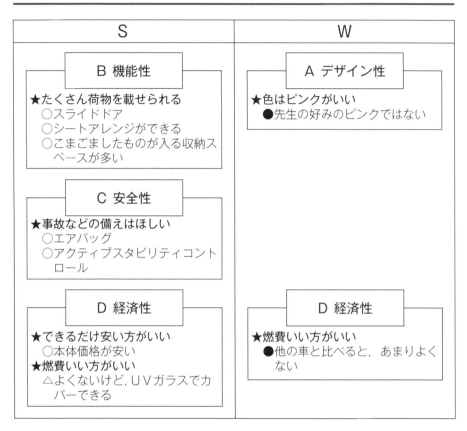

―― フレームワーク活用のポイント ――
■SW分析

　ここでは，相手のニーズとの照合を意識できるように，★にニーズを書かせることで，担当する自動車の特徴が売り込めるかどうかを明確にします。また，購入してもらうことが大切なので，ウイークポイントをカバーできるデータも考えさせることで，弱みも強みとカウントできるように仕組んでいます。

授業の実際③　表現する段階(第8時)

相手のニーズを満たすプレゼンテーションをする。

❶原稿を作成するためのフォーマットを確認する(10分)

T　前時までに各自で作成したプレゼンシートを組み合わせて，班の提案原稿を完成させましょう。組み合わせる際に使用するフレームワーク(SDS法・PREP法・DESC法)を決めましょう。

S1　DESC法は，問題点を指摘して改善策を提案するものだから，この中の誰かのシートが問題点のシートとかになってないから使えないね。

S2　なら，SDS法にしよう。Dのところに，全員の説明を挟み込んで，PREP法の「P」のように，「S」を使えばいいと思うよ。

> **ポイント**　選択制でフレームワークを提示することにより，PRする際にどのように論理フレームワークを選ぶかを検討させる。

❷ニーズをもとに，プレゼンシートの順番を考える(20分)

S1　どの順番で発表していくか，「D」から考えよう。

S2　先生が一番大切にしているのは「荷物」のことだと思うから，まずスライドドアや収納スペースを説明しよう。

S3　価格は，最後にもってこよう。使い勝手がいいことをPRして，価格もいい感じだと買いそうじゃない？

> **ポイント**　相手の心をつかむための順番を考え，検討させる。

❸原稿を完成させる(20分)

T　順番は決まりましたか？　買ってもらうためには相手の心を動かし掴むことが必要です。各原稿に，「AID」に関する内容が示されていますか？ただの説明では，訴えるまでは至りません。Total Winをめざすことができるようにしましょう。

> **ポイント**　プレゼンの目的を意識させ，原稿を振り返らせる。

Frameworks

S	車の購入を検討している先生。僕たちの販売する車は、先生が車に求めるものが備わっています。アンケートをもとに、先生のニーズをこのように分析しました。この困り感を解決できるのが、僕たちの車です。
D	①荷物をスムーズに出し入れしたい。 【解決】スライドドア　可動式シート　仕切りのない運転席と助手席 ②すぐ使えるように、いろんなものを車に入れておきたい。 【解決】運転席前の収納スペース　ドアサイドの収納スペースなど ③車中でよく食事をする。 【解決】UVガラス（プライバシーガラス） ④価格や経費は抑えたい。 【解決】購入しやすい価格　UVガラス（室温の上昇を抑える）
S	いかがでしたか。この車は、先生のリクエストをかなえることができる素晴らしい車です。価格もとても魅力的ですよね。どうぞご検討ください。 先生に必要なのはこの車です。ご来店をお待ちしております。

P	2つの性能のガラスが採用されているこの車を私はおすすめします。
R	なぜなら、地球にも人にも優しいからです。
E	日焼けは女の大敵です。この車は、紫外線も赤外線もカットしてくれるUVガラスを採用しているので、日焼けやジリジリ感を防いでくれます。先生は1年中美しいままでいられます。また、美しい地球も守ってくれます。プライバシーガラスになっているので、室内温度の上昇を抑えることができます。ガソリンの消費を減らすことができるので二酸化炭素の排出はもちろん、資源も守ることができます。プライバシーガラスなので、先生のプライバシーも守ってくれます。運転中、肉まんを食べても大丈夫ですよ。 　そして先生は母であり主婦です。毎日の家計を考えると、ガソリンの消費が少ないのもポイントになると思います。
P	このような理由から、私は「UVガラス」を採用したこの車を先生におすすめします。

2年　話すこと・聞くこと

――― フレームワーク活用のポイント ―――
■SDS法

　SDSとは、S（Summary：概要）D（Details：詳細）S（Summary：概要）のことです。相手に伝えたいことを、どの段階においても述べる点が特徴です。今回は、「D」の部分に各自の説明を組み込んでいるため、PREP法との組み合わせとなっています。グループでの作成であれば、この組み合わせは、説得力もあり、提案する際有効であると思います。

2年　書くこと

8 架空美術館―開催したい展覧会のチラシをつくろう―

▶ 単元の概要と指導計画

つけたい力

情報収集力
・展覧会のチラシを作成するために必要な要素を確認し，適切に情報を収集する。

論理構築力
・画家が描いた作品の特徴を整理・分析し，展覧会のコンセプトに合った作品を選ぶ。
・チラシに掲載する各コピーとの関係性を考慮しコンセプトを伝える。

説明力
・展覧会のコンセプトが最も伝わる作品とコピーをチラシに掲載する。

ねらい

作品の特徴をもとに展覧会のコンセプトを設定し，展覧会の魅力を伝えることができるようなチラシを作成することができるようにする。

学習課題

お知らせ

特別企画展案の提出について

美術館職員の皆さん!!
来年度の特別企画展案を館内職員全員に提出してもらうことになりました。
あなたが，ぜひこの美術館で開催してみたいと思う展覧会を実現できるチャンスです。そして，特別企画展チーフとして実力を発揮できるまたとないチャンスもめぐってきます。
みなさんのすばらしい企画を期待しています。
【提出書類】　特別企画展案チラシ1枚（両面）

美術館企画部より

時	主な学習活動	主に使用するフレームワーク
収集する段階	チラシの掲載事項を確認した後，企画する展覧会の画家とコンセプトを決め情報収集を行わせる。ここでは情報カードを用いて実際のチラシから情報を分析させ，収集した情報をカテゴリー化し，必要な情報を認知できるようにKJ法を用いる。	
1	・チラシづくりに必要な情報をつかむ。 ①チラシの表と裏を比較しどんな情報が掲載されているか確認する。 ②2枚のチラシのボディコピーから認識できる情報を発表する。 ③抽出した情報にラベリングをして，情報をカテゴリー化する。	KJ法
2〜3	・画家とテーマを決め，必要な情報を収集する。 ①チラシを作成する画家を1名決める。 ②展覧会のテーマを設定し，チラシ作成に必要な情報を収集する。	情報カード
整理する段階	企画内容を提供できるチラシを作成するために必要な情報を精査させる。ここでは，コンセプトと来訪者（初心者・上級者）の2つの視点をもとに，チラシに載せる情報を精査できるように，ツリー図を用いる。	
4〜5	・収集した情報を整理する。 ①ツリー図を作成する際の上位概念を確認する。 ②ツリー図を作成し，情報を整理する。 ③設定したコンセプトに基づき，使用する情報を精査する。	ツリー図
表現する段階	チラシと企画書を作成させる。ここでは，コンセプトが伝わるように，選択した情報（絵画）と文章との整合性を図るよう指示する。	
6〜8	・チラシの裏面を作成する。 ①ボディコピーを作成する。 ②テーマに適した作品を選択する。 ・チラシの表面を作成する。 ①表面にふさわしい作品を選択する。 ②キャッチコピーを作成する。 ③情報を組み合わせて表紙を作成する。	

単元の指導計画（全8時間）

評価規準

・コンセプトの構想に沿って情報を収集し，読み手に展覧会の魅力が伝わる情報を選択することができる。
・チラシ両面の各コピーと選択した作品によって，展示会のコンセプトを効果的に表現することができる。
・展覧会の魅力（コンセプト）が伝わるように作品とコピーを効果的に活用できる。

授業の実際①　収集する段階（第1時）
チラシがどのような情報で構成されているかを認識する。

❶チラシを作成するために必要な情報を確認する（10分）
（パワーポイントを活用して，チラシの表と裏を提示する。）
T　展覧会のチラシには，どのような情報が盛り込まれていますか。
S　表には，全体に大きく作品が載せてあったり，キャッチコピーが書かれていたりします。
S　開催時期や場所も書かれています。
T　裏はどうですか？
S　展覧会で展示する作品や具体的な説明が書かれてあります。
T　例えば，どのような情報ですか？
S　画家の紹介がされていたり，どのような作品をつくってきたか，どのような特徴があるかなどが書かれていたりします。
S　展覧会のテーマが書かれています。

> ポイント　作成するチラシに必要な情報の種類を想起させる。

❷ボディコピーを比較する（30分）
T　では，2枚のチラシを準備していますので，ボディコピーを読み比べて気付いたことを発表してください。
S　Aのチラシには，画家の作品の特徴が書かれています。
T　他にはありませんか？
S　デッサン力や筆さばきなと，作品の素晴らしさを伝えています。
S　画家の生没年や，代表作品などが紹介されています。
S　アトリエを復元するという展覧会の目玉や，どのような作品を展示するかが書かれています。
T　Bのチラシはどうですか？
S　Aと同じように，展覧会の目玉として，アトリエの復元があると書かれ

ています。
S どのような作品を展示しているかが書かれています。
T 共通の情報が多いですね。チラシ掲載情報の要素が見えてきましたね。

　ポイント　チラシを構成する情報の種類を分析させる。

❸抽出した情報をカテゴリー化する（10分）

T では，情報を整理してみましょう。
T あなたたちが発表した情報を書いたカードを黒板に貼っています。あなたたちが情報収集の際，何を調べればよいかわかるように，グループに分けていきましょう。

　ポイント　収集すべき情報を明確にするために，KJ法を用いてまとめさせる。

Frameworks

チラシ作成に必要な情報

画家の情報	会場の情報
・画家の略歴 　（生没年　受賞歴　主要作品 　　　　　　　　　　　　他） ・画家としての出発点 ・作品の特徴 ・没後の評価　　　　　　　等	・開催場所 ・開催期間 ・開催時間（開館～閉館） ・地図 ・アクセス ・入場料　　　　　　　　等

展覧会の情報	その他
・展覧会名 ・キャッチコピー ・コンセプト（テーマ） ・展示する作品の一部 ・展覧会の目玉 ・展示する作品郡の説明　　等	・後援，協賛　　　　　　　等

Frameworks

福岡市美術館

表面 情報【展覧会名】 いわさき　ちひろ展	表面 情報【キャッチコピー】 こころをもったアート	表面 情報【開催日時】 1995年7月18日～8月13日	表面 情報【開催場所】 福岡市美術館 福岡市中央区○○○ TEL　○○○
表面 情報【開館時間】 午前9時30分～午後7時30分 （入館は午後7時まで）月曜休館	表面 情報【入場料（前売り・団体）】 一般　900円(700円) 高大生　700円(500円) 小中生　500円(300円)	表面 情報【主催・後援・協賛他】 福岡市美術館 いわさきちひろ絵本美術館他	表面 情報【画家の作品】 「ぶどうを持つ少女」('73)
裏面 情報【画家の略歴】 生没年　出身地　師事した画家 主要作品　受賞歴 没後の評価	裏面 情報【展示する作品例（絵）】 「木の葉の中の少女」('66)、「青いつば広帽子を持つ少女」('69)、「赤い手袋の少女」('72) 他	裏面 情報【画家の作品の特徴】 子どもを描く（つぶらな瞳） 安心感を与える作品 卓抜した技術	裏面 情報【展覧会のコンセプト】 いわさきちひろの全体像を知る全121点の出展（水彩画・油彩・デッサン・スケッチ）
裏面 情報【展覧会の目玉】 復元されたアトリエの展示	裏面 情報【会場の情報】 主要駅から会場までの地図，公共機関（地下鉄・西鉄バス）での最寄り駅およびバス停	裏面 情報【会場の情報】 福岡市美術館 福岡市中央区○○○ TEL　○○○	裏面 情報【展覧会名・キャッチコピー】 こころをもったアート いわさき　ちひろ展

長崎県立美術博物館

表面 情報【展覧会名】 いわさき　ちひろ展	表面 情報【キャッチコピー】 あふれる愛と感動でまばたきもできない	表面 情報【開催日時】 4月28日（水）～5月23日（日）	表面 情報【開催場所】 長崎県立美術博物館 長崎市立山○○○ TEL　○○○
表面 情報【開館時間】 午前9時～午後5時（入館は午後4時30分まで）月曜休館 別途特別開休館情報有	表面 情報【入場料（前売り・団体）】 一般　900円（700円）高大生　700円（500円）小中生　500円（300円）	表面 情報【主催・後援・協賛他】 長崎県教育委員会 いわさきちひろ絵本美術館他	表面 情報【画家の作品】 「わらびを持つ少女」（'72）、「チューリップと赤ちゃん」（'71）
裏面 情報【画家の略歴】 生没年　出身地　師事した画家　主要作品　受賞歴　没後の評価	裏面 情報【展示する作品例（絵）】 「ふたりのぶどうかい」（'68）、「ガーベラを持つ少女」（'70頃）他	裏面 情報【画家の人気の理由】 子どものみずみずしい生命感と微妙な心や体の動きの表現の秀逸さ	裏面 情報【展覧会のコンセプト】 人間いわさきちひろ、復元されたアトリエの展示、生前の写真とちひろの言葉
裏面 情報【展覧作品の内容】 123点の展示、絵本の挿絵（全期を網羅的に）、素描・スケッチの展示	裏面 情報【地図】 主要駅および最寄りのバス停から会場までの地図	裏面 情報【会場の情報】 長崎県立美術博物館 長崎市立山○○○ TEL　○○○	裏面 情報【展覧会名・キャッチコピー】 あふれる愛と感動でまばたきもできない いわさき　ちひろ展

2年　書くこと

―― フレームワーク活用のポイント ――
■情報カード＋KJ法

　チラシに書かれている情報を無造作に抽出したカードで整理したのち，どのような情報を収集する必要があるのかをできるだけコンパクトにして認識させるために，使用しました。

授業の実際② 整理する段階（第4～5時）
コンセプトと展覧会来訪者の2つの視点をもとに、チラシに載せる情報を精査する。

❶ツリー図を作成する際の上位概念を確認する（10分）
T　では、情報を整理するために、ツリー図を作成していきましょう。今回のツリー図は、トップダウンで考えていきましょう（フォーマットを黒板に提示する）。

T　一番上の枠には、展覧会のコンセプトを記入してください。その下の2つの枠には、展覧会に来訪することが予想される人々について、つまり、その画家が大好きで知識をもっている上級者と、この展覧会をとおして、はじめて画家の絵に出合う初心者を書き込みましょう。

S　その下には何を書くんですか？

T　ターゲットであるそれぞれの対象者にどのような視点で展覧会を楽しんでほしいのか、画家の特質等を上位概念として考え、一番下の枠には、この展覧会で絶対に展示する作品を書きましょう。

> **ポイント**　チラシを作成するために、企画提案者として意識すべき点について、ツリー図作成をとおして共通理解を図る。

❷ツリー図を作成し、情報を整理する（75分）
T　では、実際にツリー図を作成していきましょう。

S　上級者には、この絵が展示されているとよい。初心者なら、この絵が展示されているとよいと考えてツリー図をつくればいいのですよね。

T　そうですよ。そのとき、選んだ絵画に、その画家のどのような特徴が現れているから上級者は満足するのかを上の枠に書き入れればよいですよ。

S　わかりました。頑張って作ってみます。

> **ポイント**　対象者を軸として、展示する作品を選んだ理由がわかるようなツリーを作成させる。

❸設定したコンセプトに基づき，使用する情報を精査する（15分）

T　ツリー図を眺めてみましょう。一番上のコンセプトを満たす絵画が一番下に並んでいますか。また，そこに並べている絵画は，上級者と初心者のどちらともが展覧会に来てよかったと思ってもらえる作品であるといえますか。ここには，目玉となる作品が示されているはずです。チラシにも掲載しなくてはならないので，使用する情報を取捨選択しましょう。

ポイント　コンセプトに立ち返り，ウリの部分をPRできる作品を検討させる。

Frameworks

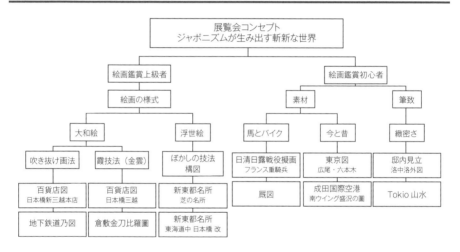

フレームワーク活用のポイント
■ツリー図

　上位概念と下位概念との関係性を捉えさせるために，今回はこのツリー図を活用しました。ここでは，使いたい絵画として収集した情報に価値付けをすることが目的です。コンセプトと対象者を考慮したとき，展覧会に足を運ばせるための肝となる絵画を選択する際の理由が生徒自身に見えてくるようになっています。

授業の実際③　表現する段階（第8時）
適切な情報を扱うことの必要性を認識させる。

❶表面にふさわしい作品を選択する（10分）
T　最後に表面を作成してください。チラシの表を飾る作品は，展覧会の「顔」です。あなたが，この展覧会で一番鑑賞してほしい，あるいは，コンセプトが詰まっていると考える作品を選択しましょう。

　ポイント　コンセプトとの関係性を意識させて掲載する作品を検討させる。

❷キャッチコピーを作成する（30分）
（キャッチコピー有のチラシと無しのチラシを準備しておき，生徒に提示する）
T　ここに2枚のチラシがあります。行ってみたいと思う情報はどこにありますか？
S　左側のチラシのキャッチコピーです。
T　言葉があるかないかで，心の動きは変わってきますね。では，コンセプトに適したキャッチコピーを作成しましょう。この展覧会に行ってみたいとターゲットに思わせることができるようなものを考えましょう。

　ポイント　企画のコンセプトを凝縮したキャッチコピーの必要性を捉えさせる。

❸情報を組み合わせて表紙を作成する（10分）
T　チラシの裏面でも話をしましたが，図と文字のバランスを考えながら，デザインを考えましょう。

　ポイント　文字と図の融合が，チラシの要素の1つであることを捉えさせる。

生徒が作成したチラシ（表面）

2年　書くこと

9　店頭ボードをつくろう

▶ 単元の概要と指導計画

つけたい力

情報収集力
・飲食店のメニューを分析することで，お店の PR ポイントを収集する。

論理構築力
・訴求対象のニーズを想定し，ニーズに合致していることが伝わるように，お店の PR 内容を構成する。

説明力
・表現技法等を用いるなど，端的な文言で，訴求対象の興味・関心を引きつける。

ねらい

情報の組み合わせを考え，訴求対象の興味をひくことができるような店頭ボードを作成することができるようにする。

学習課題

　あなたの叔母さんは，ビジネス街に飲食店を出すことになりました。そこで，叔母さんから，店頭ボードをつくってほしいと依頼されました。叔母さんのお店が繁盛するような店頭ボードを提案しなさい。

時	主な学習活動	主に使用する フレームワーク
収集する段階	メニュー表を分析させることで，叔母さんの経営する飲食店のテーマを把握させる。ここでは，メニューの中にみられる共通性を捉えることができるように，ラベルをもとに分類可能な情報カード・KJ法を用いる。	
1〜2	・飲食店に関する情報を収集する。 ①訴求対象を確認する。 ②メニューから，お店の特徴を分析する。 ③提供するメニューのよさを話し合う。	情報カード KJ法
整理する段階	店頭ボードに記載する情報を整理させる。ここでは，想定した訴求対象とメニュー内容とのつながりを整理することができるように，マトリクスを用いる。	
3〜4	・店頭ボードに書く情報を整理する。 ①アピールパーツを検討する。 ②メニュー以外のウリとなる情報からブレーキパーツ・キャリーパーツを検討する。	マトリクス
表現する段階	店頭ボードを作成させる。ここでは，「道行く人」に対しても，掲載する情報の印象付けを意識することができるように，限られたスペースでの端的な表現のあり方を考えるように指示する。	
5	・店頭ボードを作成する。 ①掲載する言語情報を精査する。 ②レイアウトを検討する。	

単元の指導計画（全5時間）

評価規準

・複数のメニューの共通点を見いだし，お店のPRポイントを収集できる。
・訴求対象のニーズを根拠に，お店のウリを構成することができる。
・訴求対象の行動を促す表現の工夫をすることができる。

▶ 授業の実際①　収集する段階（第1～2時）

店頭ボードを作成するためのベースとなる情報を収集する。

❶訴求対象を確認する（10分）

T　学習課題から，訴求対象を確認しましょう。
S1　「ビジネス街」とあるので，サラリーマンだと思います。
S2　OLも対象になると思います。
T　訴求対象は，できるだけ絞る方がいいでしょう。どちらにするか，何を決め手にするとよいですか。
S3　メニューだと思います。

> ポイント　お店のウリを生かすためには，訴求対象を限定することも必要であることに気付かせる。

❷メニューから，お店の特徴を分析する（35分）

T　まだ，オープン前なので，メニューの素案を配付します。ここから，お店の「ウリ」を考えてください。
（学習班での対話）
S1　メニューをメインメニューと，デザートなどに分類しよう。
S2　メインメニューは，膳もので，肉じゃがとかなす味噌とかあるよ。
S3　デザートは，黒ごまとか抹茶とかが使われている。料理もデザートも，和風だね。

> ポイント　グルーピングしたメニューをもとに共通点を探させる。

❸提供するメニューのよさを調べる（55分）

T　提供されるメニューから，お店の特徴を確認できましたか。
S　和食が中心で，デザートも和菓子で使うもので作られていました。
T　そうですか。では，和食について調べるとよさが見えてくるかもしれませんね。

確認した特徴をさらに分析することで，コンセプトの核となるウリを考えさせる。

Frameworks

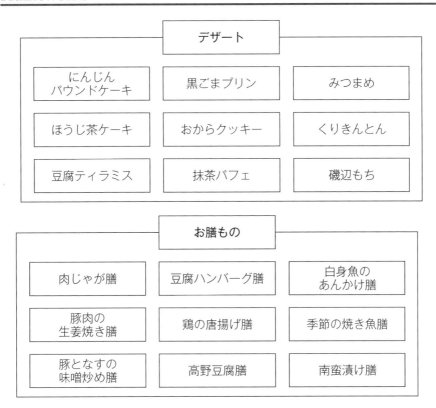

―――― フレームワーク活用のポイント ――――
■情報カード＋KJ法

　ここでは，メニューの素案としてランダムに並べられた各メニューを共通点を考えさせることで分類させた上で，グループ化させるために用いています。

授業の実際②　整理する段階（第3時）

訴求対象に適したPR情報を提供する。

❶店頭ボードの役割と意識すべきポイントを振り返る（10分）

T　これから，実際に店頭ボードに書く情報を検討していくわけですが，みなさんが作る店頭ボードの目的は何でしたか？
S　お店を繁盛させることです。
S　お客さんに，お店に入ってもらえるようにすることです。
T　そうでしたね。お客さんに「お店に入る」という行動（Action）を促すために必要な，ある法則がありました。覚えていますか？
S　「AIDMAの法則」です。
T　その通りです。店頭ボードでも，「A」「I」「D」のポイントを意識してみましょう。

　ポイント　各パーツの検討の前に，AIDMAを想起させておく。

❷店頭ボードの構成を確認する（10分）

（店頭ボードのモデルを提示する）
T　これは，店頭ボードのモデルです。一番上の部分がブレーキパーツ，そして，真ん中の部分がアピールパーツです。ここが一番大きくスペースがとられていますね。そして，一番下の部分をキャリーパーツといいます。集客するために，最もPRすべき情報はどこにあるでしょうか。
S　メニューの情報が書かれている，アピールパーツだと思います。
T　では，アピールパーツにはどんな情報を入れるとよいですか？
S　メニューから考えると，メインメニューだと思います。
S　訴求対象が決まっていないのに，アピールパーツを決めることはできないと思います。
T　そうですね。前の時間に考えたメニューの分類をふまえて，訴求対象別にどのメニューをアピールパーツとするかを整理するとよさそうですね。

ポイント ボードの構造とアピールすべき情報との関係を捉えさせる。

❸アピールパーツを検討する（30分）

T 訴求対象とメニューを関連付けるためには，どのような点に気を付けるとよいでしょうか。
S 訴求対象の興味・関心に合っているかどうかを考えればいいと思います。
S 訴求対象の，日頃の様子とか状況を考えるとよいかもしれない。
T では，メニューの分類を横に，訴求対象のニーズを縦にして表にまとめ，訴求対象とメニューの関係性を整理してみましょう。

ポイント 訴求対応のニーズを想定する上での留意点を確認しておく。

Frameworks

	デザート	お膳もの	一品もの	飲みもの
コンビニ食が多く，栄養バランスが気になる。	×	○	○	△
短い時間で，お腹いっぱい食べたい。	△	○	×	×
家では食べられないものが食べたい。	○	△（メニューによる）	△（メニューによる）	×
…	…	…	…	…

――――― フレームワーク活用のポイント ―――――
■マトリクス

想定した評価項目に対し，○（Yes）か×（No）かの評価を表にまとめさせます。ここでは，あらかじめKJ法でまとめたメニューの分類が，それぞれ訴求対象のニーズにどう対応するのかを分析させるために使用しています。

2年 書くこと

授業の実際③ 表現する段階(第5～6時)

店頭ボードを作成する。

❶掲載する言語情報を精査する(15分)

T お客様の目に一番に入ってくる情報は,どれでしょうか?
S 一番上のブレーキパーツです。
T 印象に残るようにするのはどのような工夫をすればよいですか。
S 表現技法を使うといいと思います。
S キャッチフレーズのようなものを書くといいと思います。
T 訴求対象の現状を踏まえて,もっとも魅力的な言葉を考え,精選しましょう。

> **ポイント** 限られたスペースでインパクトを与えるには,工夫が必要なことに気付かせる。

❷レイアウトを検討する(20分)

T ブレーキパーツ,アピールパーツ,キャリーパーツとそれぞれ店頭ボードの配置はおおよそ決まっています。(2つのモデルを提示して)情報は同じですが,どちらがお店により入りたいと感じますか。
S Bです。コメントが入っていたり,写真が入っていたりするからです。
T レイアウトを工夫すれば,更に印象が変わっていきますね。
S どのような文字を使うか,どの大きさにするかも大切だと思います。

> **ポイント** 店頭ボードの見やすさや情報の強弱を工夫することの必要性を捉えさせる。

❸店頭ボードを完成させる(65分)

T 店頭ボードは,限られたスペースの中で,訴求対象へ情報を提供しなくてはなりません。再度,書くべき情報の妥当性を,訴求対象との関係やお店のウリ等の視点をもとに考えた上で,店頭ボードを完成させましょう。

ポイント 店頭ボードを作成する際の留意点を再度確認させる。

作成した店頭ボード

```
一汁三菜
にほんのこころ

  献立

  （ご飯・お汁・副菜２種付き）
    ○ 豚肉の生姜焼き膳
    ○ 肉じゃが膳
    ○ 南蛮漬け膳
    ○ 鳥の唐揚げ膳      など

  [今月のお米の産地〜山形県〜]     [今月のお味噌の産地〜徳島県〜]

ワンコイン（500円）の
お手軽定食♫
```

２年　書くこと

3年　話すこと・聞くこと

10 誕生日プレゼントにスマートフォンをもらおう

▶ 単元の概要と指導計画

つけたい力

情報収集力
・多様な考えを想定しながら反論できる情報を収集する。

論理構築力
・自分の立場を明確にし，相手を説得できる論理展開を考え，話の組立てを工夫する。

説明力
・相手の見解を尊重した上で，合意形成を図る。

ねらい

　想定した反論を退けることができる根拠を活用しながら，合意形成をもって自分の主張を通すことができるようにする。

学習課題

> 勉強のじゃまになるし，友達とのトラブルもあるとよく聞く。それにスマホで犯罪に巻き込まれたというニュースもある。何より，夜遅くまでスマホをして生活のリズムが壊れそうなのがねえ…。

> 誕生日プレゼントにスマートフォンをお願いしたら，おじいちゃんが「ダメ‼」だって。
> でも欲しいよ…。
> おじいちゃんが買ってくれるように手伝って！

時	主な学習活動	主に使用する フレームワーク
収集する段階	学習課題をもとに，おじいさんがスマートフォンの購入を拒否した理由を分析し，反論できる情報を収集させる。また，スマートフォンをプレゼントしてくれるよう，スマートフォンの価値を出し合い，伝えられる情報を収集させる。	
1〜2	・おじいさんの言い分からスマートフォンを買い与えることを躊躇する理由を確認する。 ①スマートフォンの影響について情報を収集する。 ②収集した情報をもとに，スマートフォンに対するおじいさんの不安を想定する。	
3〜4	・スマートフォンの価値に関する情報を収集する。 ①おじいさんの懸念を解消できる情報収集の方向性を話し合う。 ②決定したスマートフォンの観点に関する情報を収集する。 ③収集した情報をもとに，説得力ある根拠となる情報を取捨選択する。	
整理する段階	想定されるおじいさんの反論内容を具体化し，自分の主張を通すことができるように，それぞれの情報の適否を話し合わせる。ここでは，論理を明確に意識させるために，ピラミッドストラクチャーを用いる。	
5〜6	・収集した情報を整理し，論を構築する。 ①ピラミッドストラクチャーを作成し，情報を整理する。 ②おじいさんの懸念を解消できているか確認する。	ピラミッドストラクチャー
表現する段階	提案原稿を作成させる。ここでは，おじいさんを納得させ，スマートフォン購入という行動へ導くことができるように，合意形成を促す4つの質問シートを取り入れる。	
7〜9	・提案原稿を作成する。 ①ピラミッドストラクチャーをもとに，提案原稿を作成する。 ②更なる質問事項を想定し，合意形成に導ける答えを準備する。 ・おじいさんと交渉する。 ①おじいさんの見解を確認した上で，こちらの言い分を伝える。 ②合意形成を図り，譲歩提案をする。	4つの質問シート

単元の指導計画（全9時間）

3年　話すこと・聞くこと

評価規準

・双方の言い分に対応する根拠となり得る説得力ある情報を収集することができる。

・相手の見解を多面的・多角的に検討し，説得に適した意見の組み立てができる。

・建設的妥協点を踏まえて，相手に譲歩させることができるような説明をする。

Chapter2　プレゼンテーションを位置付けた国語授業の実践　111

授業の実際①　収集する段階（第3〜4時）

購入を拒否しているおじいさんが納得してくれるような情報を提供する。

❶おじいさんの懸念を解消できる観点を考える（35分）

T　おじいさんにスマートフォンの購入を受け入れてもらうには，おじいさんを納得させる情報が必要です。不安を解消できるように，スマートフォンの良さを伝えられる情報を集めましょう。

（学習班での対話）

S1　おじいさんがスマートフォンの購入を拒否する理由は，「勉強の邪魔」「トラブルの原因」「犯罪・事故に遭う確率」「生活の乱れ」だったね。

S2　勉強の補助になるスマートフォンの価値を伝えると「勉強の邪魔」でないことがわかってスマートフォンを買ってくれるようになるよね。

S3　「トラブルの原因」は，SNSに関することだろうから，逆に，友達の輪をひろげる道具でもあることを伝えるといいよね。

ポイント　相手の考えに対抗できる情報のポイントを話し合わせる。

❷決定したスマートフォンの観点に関する情報を収集する（45分）

（学習班での対話）

S4　購入を拒否するおじいさんがスマートフォンをプレゼントしようという気持ちになる情報を収集しなくてはいけないね。

S2　実物を見せながら，こんな機能があると伝える方が説得力があるよね。

S1　それなら，「勉強の邪魔になる」というおじいさんの理由は，勉強アプリがたくさんあることを根拠にするといいよ。

S3　「事故の遭う確率が高くなる」というのは，見守り機能としてGPSとかがあることを伝えるといいんじゃないの。

ポイント　おじいさんを説得できる情報を収集及び取捨選択できるように話し合わせる。

❸収集した情報の中から使用する情報を決定する（20分）

（学習班での対話）

S1　「勉強の邪魔になる」に対抗するのに，スマートフォンに入れた勉強アプリは，絶対効果があるから使おう。

S2　あと，学校でもタブレットを使って授業しているから，使いこなせないと授業についていけないことも根拠として使えると思うけど。

S4　授業で使っていることを知れば，必要なことがわかるから絶対買ってもらえるよね。

> ポイント　収集した情報が根拠としてふさわしいかどうか吟味させる。

▶ 授業の実際②　整理する段階（第6時）
自分たちの意見を構築する。

❶ピラミッドストラクチャーをもとに意見内容を確認する（30分）

T　おじいさんを説得できるような理由を考えることができましたか。また，理由を裏付ける情報を集めることができましたか。内容を整理するために，ピラミッドストラクチャーを使って，どのような順番で話を構成するかを話し合いましょう。

（学習班での対話）

S3　一般的にスマートフォンの購入を悩む大人は，友達とのトラブルみたいだよ。この情報を最初に伝えると，安心するんじゃないかな。

S4　でも，僕たちの根拠は，「LINEでコミュニケーションがとれる」だから，LINEでトラブルが起こっているから説得力ないよね。最初にもってきて，買ってあげる方が妹にとっていいものだと思わせるには，勉強に関する理由が一番いいと思うよ。

S2　そうだね。中学生になるし，勉強は大切だし，賛成だよ。

> ポイント　説得力をもたせるために提示する理由の順番を考えさせる。

❷おじいさんの懸念を解消できているか確認する（20分）

S2　この理由と根拠で，おじいさんの考えを本当に変えることができるかどうか，もう一度確認しよう。

S4　理由③「見守りツールになる」は，塾とかもあるし帰りは安心だけど，スマホの犯罪は，インターネットもあるよね。

S3　そこは考えていなかったね。情報を集め直さないといけないね。

　ポイント　相手が拒否した理由を多面的・多角的に検討させる。

Frameworks

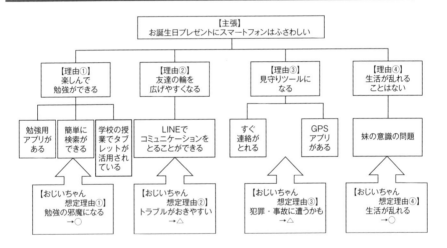

───── フレームワーク活用のポイント ─────

■ピラミッドストラクチャー

　主張に対する理由が並列になっているので，どの順番で伝えると効果があるか入れ替えがしやすいフレームワークです。優先順位を考えさせることで，このフレームワークはより有効性を高めることができます。ここでは，下段に想定理由を足すことで，自分たちの考えが解決策として妥当であるかどうかを検討させています。

▶授業の実際③　表現する段階（第7〜9時）

合意形成を図り，説得できる情報の質と量の必要性を捉える。

❶ピラミッドストラクチャーをもとに提案内容を確認する（15分）

T　原稿内容を検討して，おじいさんがどこで反論してくるかを話し合い，4つの質問シートで，合意形成が図れるよう検討しましょう。

（学習班での対話）

S3　この原稿で弱いところは，理由②と理由③だね。

S4　理由④は大丈夫かな。本当に夜遅くまでしないと決意できるかな。

S2　できるだけ，こちらもおじいさんが納得してくれる条件を示唆質問に書き込もう。

ポイント　作成した原稿に弱みはないかを話し合わせる。

❷4つの質問シートを作成する（35分）

S1　掘り下げ質問で「一番心配なのは，妹の意識」だとすると，示唆質問でどんな条件を書くといいかな。

S2　おじいさんも買ってあげたことで，夜更かしするようになったら嫌だろうから，「使用する時間を決める」ことを条件にしてはどうかな。

ポイント　相手も納得できるような譲歩案を考えさせる。

Frameworks

洗い上げ質問　「気になる点はありませんか」 　【理由②】友達との輪が広がることで人間関係が複雑になりトラブルが起こる 　【理由③】インターネット上で詐欺などの犯罪に巻き込まれるおそれがある 　【理由④】スマホの誘惑に負けて，夜更かしするようになる
掘り下げ質問　「気になる点の中で，一番の心配はどれですか」 　【理由④】生活が乱れることはない 　　子どもだから，そこまで強い意志は持ち合わせていないので，夜遅くまで友達とLINEしたり，ベッドでスマホを操作したりすることがあるはず。
示唆質問　「こちらがこうすれば，購入してもらえますか」 ＊妥協案＊自由に使用する時間を夜9時までとする。 　　　　　9時以降は，おじいさんに保管してもらう。

まとめの質問　「これを前提で，購入するということでいかがですか」

――――――― フレームワーク活用のポイント ―――――――
■4つの質問シート

　合意形成を行う場合に使いやすいフレームワークです。すべての反論をクリアすることはお互いにできないので，譲歩する点を限定させることで，妥協内容を提示するように作成されています。ここでは，洗い上げ質問の数だけシートを準備して，掘り下げ質問に対応できるようにしておくと円滑に交渉できます。

提案原稿

　スマートフォンは中学生になる妹にとってとても素晴らしい道具になると思います。おじいさんは，スマートフォンをもつと，スマートフォンばかりさわって勉強の時間が減ると思っていると思います。でも，スマートフォンにはこんな風に画面にたくさんのアプリがあります。このアプリには勉強に関するものもたくさんあります。遊び感覚でこうやって国名や首都を覚えることができるし，インターネットに接続すれば，調べ学習も簡単にできます。また，学校でも今はタブレットを使っています。指で操作するので，スマートフォンで慣れておけば授業でも困りません。
　中学生になる妹は，ピアノの習い事に加えて塾に行くようにしています。最近，いろんな事件が起こっているので帰りはとても心配です。でもスマートフォンがあれば，家族と連絡がとれるので，何時に塾が終わって，何時のバスに乗るかを連絡できたり，バス停に到着してすぐに到着したことを伝えることができ，居場所がはっきりするので，安心して帰りを待つことができます。
　また入学したばかりの頃は，緊張して友達と話せないこともありますが，LINEを使うと友達追加ができて学校で話せなくても家で落ち着いてメッセージを送ることもできます。また，グループLINEもあるので，仲のよい友達が増えたら，皆で一緒にメッセージを送り合えるので輪が広がります。こうして友達が増えると夜遅くまでスマートフォンを使って生活が乱れることもあるかもしれないと心配しているところもあるかもしれません。スマートフォンは，妹がおじいさんに買ってと頼んだものです。おじいさんを心配させるようなことは妹はしないと思います。ちゃんと考えてスマートフォンを使うと思います。
　もうすぐ中学生になる妹の誕生日プレゼントとして，スマートフォンはよい贈り物になると思います。

合意形成

　おじいさんは，ぼくの話を聞いて，気になったところがありますか。いくつかあると思いますが，一番の心配はどれですか。
　おじいさんは，今，「子どもだからやはり限度を考えずに遅くまでスマートフォンを扱って，生活のリズムを崩しそうだ」と心配な点を言ってくれました。
　さっきも言ったように，自分から買って欲しいと言っているので，考えてスマートフォンを使うと思います。でも，せっかく買ってもらったのに，スマートフォンが妹の生活を乱す原因になったらいけないので，使用する時間を9時までにすると約束するのはどうでしょうか。妹が寝る時間も10時になっているので，9時ならわかってくれると思います。それから，部屋にもっていくと誘惑に負けると思うので，9時になったらおじいさん渡して保管してもらうようにするのはどうでしょうか。
　これを前提に，妹にスマートフォンを購入してもらえませんか。

3年　話すこと・聞くこと

11 試食販売のデモンストレーションをしよう

▶ 単元の概要と指導計画

つけたい力

情報収集力
・商品のジャンルとしての一般的な価値と，販売対象となる商品固有の価値について調べる。

論理構築力
・訴求対象者の状況を想定し，聞き手に応じた説明をするなど，相手を説得できる論理展開を工夫する。

説明力
・訴求対象者の考えを否定することなく対話し，説明する。

ねらい

販売員と消費者という立場をふまえ，聞き手の反応をうまく利用して商品の価値を提供することができるようにする。

学習課題

あなたは，新発売となる「ヨーグルト○○」の試食販売のアルバイトをすることになりました。1週間後には，上司をお客様として，デモンストレーションを行うことになっています。上司が納得できるセールストークを考えなさい。

時	主な学習活動	主に使用する フレームワーク
収集 する段階	試食販売の商品と訴求対象者側の情報を収集させる。ここでは、特に、販売商品のヨーグルトの一般的な価値と今回扱う商品の差別化を図ることができるように、2種類のマインドマップを作成させる。	
1〜2	・試食販売商品と訴求対象者側の情報を収集する。 ①対象商品の固有価値について情報を集める。 ②ヨーグルトの一般的価値の情報を集める。 ③訴求対象者の家族構成を想定し、一般的な実態を収集する。	マインドマップ
整理 する段階	セールストークの原稿を作成させる。ここでは、訴求対象者の家族状況を想定させ、それぞれに価値ある商品であることを伝えることができる説明を考えるよう促す。	
3〜4	・セールストークの原稿を作成する。 ①想定した家族の実態に適した商品のウリを整理する。 ②セールストークの原稿を作成する。	SDS法
表現 する段階	デモンストレーションを行う。ここでは、商品を売るためには単純に商品の価値を説明するだけではだめなことを理解させた上で、相手の心をつかむことができるように、相手の考えを否定せずに話を展開させていくYES法を取り入れる。	
5〜7	・デモンストレーションを実施する。 ①作成した原稿をもとに、ロールプレイを行う。 ②ロールプレイの課題を出し合う。 ③実際のやりとりをイメージして、追加の原稿を作成する。	YES法

（単元の指導計画（全7時間））

3年 話すこと・聞くこと

評価規準

・商品のジャンルについての価値と商品固有の価値の両方の情報を収集する意味を理解することができる。
・販売商品の価値を伝えるために、不特定多数の相手を想定し、それぞれに必要とされる商品の情報を選定し、文章化することができる。
・訴求対象者とのロールプレイを想像しながら、対象者の態度に応じたセールストークを展開することができる。

授業の実際①　収集する段階（第１～２時）

試食販売をする商品のウリとなる情報（一般情報と固有情報）を収集する。

❶対象商品の固有価値について情報を集める（15分）

T　あなたたちは，今回販売するヨーグルトを配布しています。この商品を売り込むためには，まず何をしたらいいでしょうか。

S１　はい。その商品の特徴を調べるといいと思います。

（生徒どうしの対話）

S２　この商品の特徴は，フタにある「脂肪ゼロ」じゃないかな。あとは，容器にカロリーと「高タンパク質」とも書かれているよ。

S２　フタに「ギリシャヨーグルト」って書いてあるよ。

S３　ギリシャヨーグルトの特徴を調べるといいかもしれないね。

ポイント　実物をとおして得られる情報について話し合わせる。

❷ヨーグルトの一般的な価値について情報を集める（35分）

T　今回販売する商品の情報は集めることができましたか。

（スーパーのヨーグルトの陳列棚の写真を提示する）

　みなさんが行くスーパーでも，このような形で同じ種類の商品が棚に並べられていると思います。この商品も，同じように並べられることが予想されます。さて，どのようにすれば，この商品の良さをお客様に理解してもらえると思いますか。

S４　似たような商品が並んでいるので，他の商品とは違う点を話せばいいと思います。

ポイント　商品の特徴を伝えるときには，比較対象を提示することで，差別化を図ることの良さに気付かせる。

❸訴求対象者の家族構成を想定し，一般的な実態を収集する（50分）

T　一般的なヨーグルトに関する情報と，今回扱う商品に関する情報は集め

ることができましたか。今から，集めた情報をマインドマップを使って，それぞれの集めた情報を図化してもらいます。

ポイント 相違点や共通点を導きだしやすいように，キーワードでまとめさせる。

Frameworks

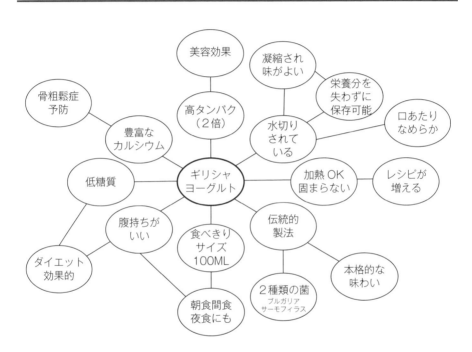

―― フレームワーク活用のポイント ――
■マインドマップ

　収集した情報の中に，つながりをもつ情報が出てくることがあります。マインドマップは，線を加えることで関連性を示すことができるので，今回は，このフレームワークを使って，情報をまとめさせています。

▶ 授業の実際②　整理する段階（第3～4時）

想定した家族構成をもとに，セールストークの原稿を作成する。

❶想定した家族の実態に適した商品のウリを整理する（30分）

T　　前時で，訴求対象者の家族構成をどのように設定しましたか。
S　　おじいちゃんとおばあちゃん，息子と娘，旦那さんにしました。
T　　例えば，旦那さんについては，どうヨーグルトを勧めますか。
S1　仕事が忙しくて，なかなか運動ができていないので，メタボが気になるのではないかと考えました。ヨーグルト自体に，メタボに効果的なビタミンBが入っています。さらに，ギリシャヨーグルトは，腹持ちがいいので，食欲を抑えることができます。健康にいい点でおすすめできると思います。

> **ポイント**　想定される家族対象者に考えられる現状の課題を解決できるよう，ヨーグルトの特徴を結び付けさせる。

❷セールストークを作成する（70分）

T　　これまで収集してきた情報を，セールストークとしてまとめてもらいたいと思います。念のため，必要な情報を確認しておきましょう。
S1　試食販売するヨーグルトの情報です。特徴を伝えられるようにしておくことが大事だと思います。
S2　買ってもらうために，ヨーグルトの効果を伝えることが大事だと思います。
S3　家族などをイメージしたので，ヨーグルトのどの部分が誰に効果的なのかという情報を書くといいと思います。
S4　今回販売するヨーグルトは，普通のヨーグルトと違うことも話すとよいと思います。

> **ポイント**　セールストークとして，一般的なヨーグルトとの差別化と，販売するヨーグルトの効能を書くことの共通理解を図る。

Frameworks

セールストーク①

S	今回は，新発売になりました「ヨーグルト○○」をご紹介します。この商品，ギリシャヨーグルトと呼ばれる商品なんです。 　どうぞ，お召し上がりください（食べてもらう）。口あたりはどうですか。「ヨーグルト○○」は，整腸作用やダイエット効果もあり，とても健康によい食品なのです。
D	例えば，私の父は，太り気味なのですが，お客様の旦那様はどうですか。このヨーグルトは，高タンパクなので，脂肪燃焼に効果があるのです。この効果は，お年頃のお嬢様にも魅力的ではないかと思います。 　また，タンパク質は，コラーゲンのもとになる栄養素なので，美容効果もあり，お嬢様やお客さまにも，うれしい効果があります。他にも，低糖質なので，ダイエットにも効果的です。 　おぼっちゃんはいらっしゃいますか。このヨーグルトには，カルシウムもしっかり含まれているので，育ち盛りのおぼっちゃんには，歯や骨をしっかり育ててくれるよい食べ物になります。
S	また，実は，この商品，アメリカでも人気の商品で，「HEALTH」という健康雑誌で取り上げられ，健康に優れた効果があるとされています。ご家族の健康にとてもよい食品です。1パック100MLというのも食べきりサイズで使いやすいです。 　新商品の「ヨーグルト○○」，ぜひお試しください。

3年　話すこと・聞くこと

――― フレームワーク活用のポイント ―――

■SDS法

　今回のように，ヨーグルトの良さをPRする際，複数の視点から説明を行う場合には，情報を羅列して書きやすいSDS法を用いるのがよいでしょう。

▶ 授業の実際③　表現する段階（第5～7時）

訴求対象者の購買意欲を少しでも高めることができるように，相手の考えを利用しつつ，状況に応じた対応ができるようにする。

❶作成した原稿をもとに，ロールプレイを行う（40分）

T　前時につくった原稿を使って，ロールプレイをしましょう。
S　（原稿を読む）この商品は，高タンパクなので，脂肪燃焼に効果があるのです。この効果は，お年頃のお嬢様にも魅力的ではないかと思います。
T　確かに娘はいますが，まだ小学生なので，ダイエットなどには興味がありません。
S　……。

> **ポイント**　作成した原稿は，訴求対象を想定したように思えるが，実は，全く想定されていないことに気付かせる。

❷ロールプレイの課題を話し合う（30分）

T　実際に，ロールプレイをしたことで，あなたたちが作成した原稿にどのような課題があると思いましたか。
S1　実際にやってみて，お客様との会話というより，こっちの情報をお客様に押しつけているような感じがしました。
S2　お客様の家族状況とあっている部分とあっていない部分があるので，お客様からすると，聞かなくてもいい情報があると感じました。
S3　先生がしたように，実際に試食販売で，どうですかと言われると，基本いらないから，否定するよね。
S4　否定されて，会話が途切れたところに問題があるかもしれない。しつこくするのもよくないけど，試食販売でPRするには，会話が途切れないようにすることが大事だよね。
T　商品の価値だけをPRしてもうまくいかなかったですよね。相手の出方を考えて，臨機応変に対応することも大切ですね。

ポイント 商品PRには，相手の様子から判断する必要があることに気付かせる。

❸実際のやりとりをイメージして，追加の原稿を作成する（80分）

（学習班での対話）
S1 相手の出方として，否定されることを考えておくということだよね。
S2 そして，その否定を上手に利用して会話をつくっていけば，いいよね。

ポイント 訴求対象の考えをうまく利用した原稿を考えさせる。

Frameworks

セールストーク②

> A：今回は，新発売になりました「ヨーグルト○○」をご紹介します。この商品，ギリシャヨーグルトと呼ばれる商品なんです。
> どうぞ。お召し上がりください。口あたりはどうですか。
> B：まろやかでおいしいですね。
> A：ありがとうございます。このヨーグルトは，整腸作用やダイエット効果もあり，とても健康によい食品なのです。例えば，私の父は太り気味なのですが，お客様の旦那様はどうですか。
> B：夫はそんなに太っていないので，ダイエットには興味ないと思います。
> A：それはすばらしいですね。普段からよく健康に気を遣われているのですね。実はこのヨーグルト，高タンパクで低糖質なだけでなく，カルシウムもしっかり含まれているので，日ごろから運動をされたり，健康に気を遣われている方にこそおすすめなのです。……

― フレームワーク活用のポイント ―
■YES法

営業マンなどに使われる話法で，「そうですね（YES）」と相手の意見を肯定してから，自分の意見を説明する話し方です。ここでは，相手の否定を想定したセールストークを考えさせるために用いています。

3年 書くこと

12 小中交流会での授業を提案しよう

▶ 単元の概要と指導計画

つけたい力

情報収集力
- 言葉遊びに関する情報を収集するとともに，条件を満たすものがあるかどうかを検討する。

論理構築力
- 提案する言葉遊びが合同授業として成立するものであることを「授業」と「交流会」を関連付けて説明する。

説明力
- 提案する言葉遊びのイメージやその価値が伝わるように提案書をまとめる。

ねらい

教科担任の提示した小中交流会の目的を満たす授業を提案することができるようにする。

学習課題

　再来月に実施される小中交流会では，小学校４年生の児童との合同授業が予定されている。対象授業は，国語である。そこで，「言葉遊び」のアイデアが募集された。授業で採用してもらえるように提案書を提出しなさい。

時	主な学習活動	主に使用する フレームワーク
収集 する段階	学習課題で提示された言葉遊びについて，情報を収集させる。ここでは，連想されるものを書き留めることができるように，マインドマップを用いる。	
1〜2	・小中交流会の目的を確認する。 ①小中交流会の目的を話し合う。 ②言葉の面白さの所在を話し合う。 ③例をもとに，収集する言葉遊びの方向性を確認する。 ・言葉遊びを考える際に必要な情報を収集する。 ①出し合った言葉の面白さから考えられる言葉遊びの情報を収集する。	マインドマップ
整理 する段階	提案を考えている言葉遊びのよさを整理させる。ここでは，小中交流会での合同授業であることの意味をふまえ，多面的によさを整理することができるように，PEST法（アレンジ版）を用いる。	
3	・小中交流会の目的に合う言葉遊びを検討する。 ①候補とした言葉遊びと，合同授業の目的との関係性の有無を検討する。 ②言葉遊びを決定する。	PEST法（アレンジ版）
表現 する段階	提案書を作成させる。ここでは，提案する言葉遊びのよさを書きさえすればよいわけではないことに気付かせ，言葉遊びの内容も伝わるように，レイアウト等の工夫を図らせる。	
4	・提案書を作成する。 ①提案書に書く内容を確認する。 ②提案書を作成する。	

単元の指導計画（全4時間）

3年 書くこと

評価規準
・「授業」と「交流会」の2つの視点に適した言葉遊びに関する情報を収集することができる。
・決定した言葉遊びのよさを多面的・多角的に捉え，提案内容を構成することができる。
・提案する言葉遊びのよさ・イメージが伝わる提案書を作成することができる。

▶ 授業の実際①　収集する段階（第1時）

言葉遊びを提案する際に必要な情報を収集する。

❶小中交流会での合同授業の目的を話し合う（10分）

T　合同授業で言葉遊びの授業をします。あなたたちには、言葉遊びを提案してもらいますが、どんな視点で言葉遊びを考えればいいでしょうか。
S1　交流会なので、小学生と一緒に楽しめるのがいいと思います。
S2　でも授業なので、言葉の面白さを学ぶことができるものを考えるといいと思います。

> ポイント　合同授業の目的を、「授業＝学び」「交流会＝楽しさ」の2つの視点から捉えさせる。

❷言葉の面白さの所在を話し合う（15分）

T　では、言葉の面白さはどこにあるのかを班で話し合い、マインドマップを作成していきましょう。
（学習班での対話）
S3　言葉の面白さか。漢字と平仮名と片仮名があることかな。
S4　和歌や俳句にあるリズムじゃないの。
S1　対義語や類義語があるとか。
S2　漢字の偏と旁も面白さにつながるかな。

> ポイント　小学生と一緒に行うことが前提なので、自分たちが理解している言葉の面白さについて、これまでの経験をもとに出し合わせる。

❸言葉遊びの例をもとに、収集する情報を調べる（25分）

T　各班で出た、言葉の面白さを発表してください。
S1　私たちの班では、リズムに言葉の面白さがあると考えました。
T　具体的には、どんな遊びが考えられますか。
S1　リズムというと、俳句や短歌だと思うので、例えば、語句を一部空欄

にしてどんな言葉が合うか一緒に考えるというのはどうでしょうか。
T　面白いですね。このように，先ほど作成したマインドマップをさらに広げて，どんな遊びが考えられるか書き加えて行きましょう。

ポイント　マインドマップで出し合った「言葉の面白さ」と関連付けた「言葉遊び」を考えさせる。

Frameworks

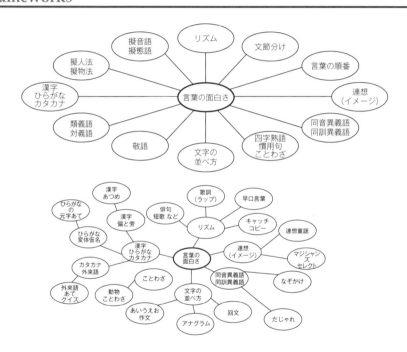

―――― フレームワーク活用のポイント ――――
■マインドマップ

　ここでは，言葉の面白さは多種多様であることを想定して，複数の情報を一度に書き込めるように，マインドマップを活用しました。また，図に示したように，派生される言葉遊びは1対1で対応するわけではないので，書きやすさを考慮して活用しました。

授業の実際②　整理する段階（第3時）

小中交流会の目的に合った言葉遊びを決定する。

❶候補の言葉遊びと，合同授業の目的との関係性を再確認する（10分）

T　あなたたちの提案してくれた言葉遊びの中から合同授業を行うつもりなので，先生を納得させることができる提案をお願いします。あなたたちは何をPRすればいいですか。

S　提案する言葉遊びが，合同授業にふさわしいことです。

T　具体的にどのようなことをPRすればよいですか。

S　合同授業では，学びと楽しさがあるかどうかが大切なので，例えば，提案する言葉遊びが，学習活動としてこの2点を満たしているかどうかをPRできればいいと思います。

> **ポイント**　提案理由となる根拠に関する視点について，再確認させる。

❷提案する言葉遊びのよさを2つの視点で整理する（30分）

（生徒どうしの対話）

S2　連想は，物語を読むのにも必要な力だし，いい提案になるんじゃない。小学生が楽しめる言葉遊びになるよね。

S1　ゲームの手順も考えてつくらなくてはいけないから，筋道立てて考える力もついて，なかなかいいと思うんだけど。

S2　クイズっぽいから，小中全員で一緒に楽しめるよね。それに，交流の面では，ペア1組でマジシャンズセレクトの内容を考えることができるんじゃない。

> **ポイント**　提案内容の妥当性の有無を，2つの視点をもとにさまざまな面について検討させる。

❸提案する言葉遊びを決定する（10分）

T　どんな言葉遊びを考えましたか。話合いをもとに，国語の「授業」と「交流会」として，学びの視点と楽しさの視点が取り入れられたものであるか確認できましたか。

> **ポイント**　提案する言葉遊びが，条件を満たしたものであることを確認させる。

Frameworks

①…学びの視点　②…楽しさの視点

【言葉の面】
①言葉の連想で問題を作るので，言葉の面白さを感じることができる。
①連想するとき，いろんな角度から考えることができる。

【小中交流の面】
②中学生と小学生のペアで活動できる。
②クイズのようにできるので，楽しみながら活動できる。

マジシャンズセレクト

【国語力の面】
①問題作りに手順があるので，論理的な力が必要になる。
①説明しながら問題を解いてもらうので，わかりやすい説明を考えなくてはいけない。

【学習活動】
①小学生でも取り組みやすい。
②クラス全員で楽しむことができる。

―――― フレームワーク活用のポイント ――――
■ PEST法（アレンジ版）

　元々は政治面・経済面・社会面・技術面の４つの面からその影響について把握したり予測したりするための手法です。ここでは，多面的な視点で提案内容を捉えることができるようにするために活用しています。

▶授業の実際③　表現する段階（第４時）

合同授業で行う「言葉遊び」の提案書を作成することができるようにする。

❶提案書に書く内容を確認する（10分）

T　提案書を作成してもらいますが，何を書くと提案書として適当であると考えますか。
S１　合同授業でする学習活動としてふさわしいかどうかです。
S２　言葉遊びの中に，国語の授業らしさがあるかどうかです。
T　それだけを書けば，提案書として成立するのですか。
S　……。
T　もう一度，学習課題に立ち返ってください。提案するものは何ですか。
S３　言葉遊びです。
T　あなたたちは，私に授業で行う「言葉遊び」を提案するのですよね。
S４　あ，提案書には，言葉遊びの内容を先生にわかるように書かないといけないと思います。

　ポイント　訴求対象となる相手にブレがないか確認させる。

❷提案書を作成する（40分）

T　（２つのチラシを提示して）２枚のチラシを比べてみてください。どちらが読みやすいと思いましたか。
S　Bのチラシです。
T　では，AとBのチラシに掲載されている内容に違いはありますか。
S　ありません。
T　では，何か違う点があるのですか。
S　配置が違います。
T　どうレイアウトするかによって，読みやすさが変わりますね。

　ポイント　必要項目を並べて書くのではなく，読みやすく印象に残るレイアウトがあることを捉えさせる。

作成した提案書

提案書

【提案ゲーム】マジシャンズセレクト
＊提案理由＊　言葉遊びの面白さ：連想でイメージを膨らませる
　　　　　　　考えの筋道：ゲームの手順を説明する
　　　　　　　　　　　　　ゲームの作り方のコツがわかる
　　　　　　　交流活動：小中一緒に活動できる
　　　　　　　　　　　　ゲームは，全員が参加できる
　　　　　　　学習活動のしやすさ：ゲームなので楽しんでできる

〔言葉遊びの流れ〕

①答えになる言葉を決めてから，ピラミッド型に連想する言葉を考える。 （ピラミッド型の図）	・下書き用として，左図のような学習プリントを準備する。 ・小学生と中学生がペア（かグループ）になって，一緒に，最初に決めた言葉に関係のある言葉を連想して他の□に入る言葉を決めていく。
②清書用カード15枚に，①の単語を書き，4枚のボードに分けて貼る。 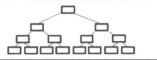　A　B　C　D	・清書用に，32枚準備する。最初に，下書き用プリントに書いた言葉を書き込む。 ・清書用の残りのカードをB～Dのボードに分けて貼っておく。
③残りの清書用カード17枚にも単語を書く。 　A　B　C　D	・色つきのカードが残りのカードで，ここに単語を書き込む。
④できあがったボードをAから順番に見せ，ゲームをする。  　　　　　　　　　答えは 　　　　　　　　　○○ですね。	＊ゲームの流れ＊ ①Aのボードを見せて，印象に残った言葉を頭に思い浮かべさせる。 ②Bのボードでアの言葉と関係のある言葉を1つ選ばせる（CもDも同じようにする）。 ③Dで選んだ言葉を当てる。

3年 読むこと　教材:「新しい博物学」の時代（教育出版）

13 教科書に載せる文章の改善案を提案しよう

▶ 単元の概要と指導計画

つけたい力

情報分析力
- 中学校で扱う教科用図書教材としての課題を、初読の感想から抽出する。
- 学習指導要領解説から、課題の改善策を練る視点を収集する。

論理構築力
- 学習指導要領解説を根拠に、教科用図書教材に適した作品としての変更を促す論理をつくる。

説明力
- 現在の作品と比較することで、学習指導要領解説に基づいた作品構成および内容変更についての提案価値を説明する。

ねらい

学習指導要領を根拠に、教科用図書に掲載するにふさわしい教材となるよう改善策を提案することができるようにする。

学習課題

あなたは、教科書会社に勤めています。教科書編纂に際し、池内了著『ヤバンな科学』（晶文社）の採用を予定しています。しかし、そのままでは教材として活用しづらい部分があります。池内了さんに書き換えを依頼するための改善策を提案しなさい。

※教材として、「新しい科学を」（『ヤバンな科学』（晶文社）所収 pp.147〜152）をプリントし、配付する。

時	主な学習活動	主に使用する フレームワーク
分析 する段階	「新しい科学を」(『ヤバンな科学』所収) を読ませ,文章の問題点を確認させる。ここでは,この文章の問題点を分析することができるように,「わかりづらさ」を中心に初読の感想を出し合わせる。	
1〜2	・本文を通読し,初読の感想を書く。 　①本文を通読する。 　②読後の感想をノートにまとめる。 ・感想から,課題を抽出する。 　①感想をもとに,作品の課題を分析する。 　②改善策を考えるための視点を確認する。	KJ法
整理 する段階	対象作品の改善策を考えさせる。ここでは,提案内容に説得力をもたせることができるように,学習指導要領解説を提示した上で,作品の理想と現状をもとに改善策を記すことができる TAPS 法を用いる。	
3〜4	・初読の感想で出た課題の改善策を考える。 　①学習指導要領の指導事項を読み,改善策の視点を確認する。 　②内容における課題をもとに,教科書掲載の改善策を練る。 　③形式における課題をもとに,教科書掲載の改善策を練る。	TAPS法
表現 する段階	提案書を作成させる。ここでは,提案内容をわかりやすく伝えることができるように,改善前と改善後の2つの内容を書くように指示する。	
5〜6	・提案文書を作成する。 　①提案文書の書き方を確認する。 　②提案文書の構成を考える。 　③提案文書を作成する。 ・提案内容を評価する。 　①実際の教科書に掲載されている「『新しい博物学』の時代」を読み,提案書と比較する。 　②作成した提案書を評価する。	

単元の指導計画(全6時間)

3年 読むこと

評価規準

・初読の感想から課題を抽出し,視点を明確にして問題点を分析することができる。
・学習指導要領の指導事項を根拠にして,内容面と形式面それぞれの課題について改善策を考えることができる。
・提案内容を現在の作品と比較することで,教科用図書教材としての望ましい形に近づく提案であることを説明することができる。

Chapter2　プレゼンテーションを位置付けた国語授業の実践

▶ 授業の実際① 分析する段階（第１〜２時）

文章を分析し，課題を抽出する。

❶本時のめあてをつくる（5分）

T　前の時間に書いた初読の感想をプリントにまとめました。この感想は「読者の声」です。よい評価も悪い評価もあります。学習課題では改善策が求められていますが，どちらに着目すれば，課題を解決できますか。
S　悪いものです。
T　では，学習課題を解決していくために，本時は何をすればよいですか。
S　感想を分析して，改善策のヒントになる課題をつかめばいいと思います。
T　今日は，KJ法を使って，似たような感想をまとめながら，改善策につながる視点をみつけていきましょう。

ポイント　課題解決のため，課題の所在を見いだす必要があることに気付かせる。

❷感想をもとに，作品の課題を分析する（30分）

S１　「要素還元主義」や「科学技術創造立国」とかの意味がわからないという感想や，漢字が難しいとかは，言葉に課題があるということだよね。
S２　そう。他にも英語が多いなんかも，言葉に関するものだと思う。
S３　もっとわかりやすい言葉に，ということだから，「言葉」というより僕たちにも伝わるような言葉の「使い方」が課題なんじゃないかな。
S４　確かに，もっとかみ砕いた言葉にしてくれるといいよね。「使い方」を見出しにしても大丈夫かどうか言葉に関する感想を読み返してみよう。

ポイント　感想の共通点を分析の視点として，課題のグループ分けをさせる。

❸改善策を考えるための視点を発表する（15分）

T　みつけた課題を発表してもらいましょう。
S　B班では，「文章の構成や展開」に課題があると考えました。今までの説明文では序論・本論・結論という形が多かったけれど，この文章は序論，

前置きが長すぎます。また，感想にもありましたが，1段落にいくつかの要点があってまとめにくいところもわかりにくさにつながっています。
T　いろいろと改善策を考えていくための視点が見えてきましたね。では，根本を問い返しましょう。何のために「改善策」を提案するのですか。
S　作品をよりよくするためです。
T　よりよくするということは，「もともとある『よさ』を引き上げる」ということです。改善策を考える基盤となる視点を忘れていませんか。
S　テーマのよさを感想に書いている人がいました。
T　そうですね。改善策を考える際，よさに立ち返ることができるように，改善策につながる視点としてまとめておきましょう。

ポイント　改善の視点を「わかりづらさ」にのみ求めるのではなく,何をよりよくするためのものなのかを認識させるために，作品のよさにも言及する。

Frameworks

言葉の使い方	内容	構成・展開	よさ
・自然哲学とは？ ・マクロの意味がわからない ・英語（カタカナ）が多い ・要素還元主義って何？ ・漢字が難しい ・専門的な言葉が多すぎる	・科学の歴史が細かすぎる ・フグの毒の例は，わかりにくい ・奥さんの感想はいるのか ・「博物学」って結局何？ ・科学が面白くないと感じているのは，書き手だけでは？	・一段落一項目となっていない ・序論（？）が長すぎる ・書き手の主張が中間あたりの段落にきている ・図などの資料を付けて,文章を構成した方がわかりやすい	・テーマ（「科学＋文学＝知の総合」の提案）が面白い ・具体例が国語で習った芭蕉や清少納言なので，身近に感じる ・自分でも具体例を探したくなる

――――フレームワーク活用のポイント――――
■KJ法

　初読の感想を自由に発表させた後，共通点があると思われる内容に分類させ，見出しを付けさせます。グループ化させることで改善策を考える視点を明確にするために活用しました。感想で出た「よさ」は，改善の方向性検討のヒントになり得るため課題とともに提示しました。

▶ 授業の実際②　整理する段階（第3～4時）

学習指導要領の指導事項を根拠に，改善策を考える。

❶前時で確認した改善策の視点を想起する（5分）

T　前時では内容について改善策を考えました。今日は形式面の改善策を話し合ってもらいます。改善策を考えるための視点はどこにありましたか。
S　学習指導要領解説国語編です。
T　そうですね。指導事項を根拠に，提案性のある改善策を考えてください。

ポイント　恣意的な改善策とならないように，確かな根拠として学習指導要領解説を扱うことの共通理解を図る。

❷形式面の課題を確認する（5分）

T　改善策を考える前に，形式面の課題について共通理解を図っておきましょう。どのような点が課題として挙げられましたか。
S　これまで学習してきた作品では，各段落で要点を捉えることができました。でも，この作品では，一段落一要点にはなっていません。
S　序論というか，前置きが長すぎます。
S　主張の位置が，これまでの説明文と違い真ん中あたりの段落にあります。
T　前の時間で確認した内容をもとに，改善策を考えましょう。

ポイント　本時での学習活動の方向性について確認させる。

❸形式における課題をもとに，教科書掲載の改善策を練る（15分）

（生徒どうしの対話）

S1　（学習指導要領を見ながら）ここに，論理の展開の仕方を捉えさせることが書かれているよ。
S2　2年生の指導事項に近いけど，説明文の書き方がわかるように，前置きみたいなところははずして，真ん中あたりにある書き手の主張を，普通に最初にもってきてもらえるように提案しよう。

S4　表現の仕方は，形式に関係する指導内容になっているよ。ということは，言葉の使い方もここでいいのかな。「簡潔な述べ方と詳細な述べ方」とあるけど，用語での説明は「簡潔な述べ方」いえるかもしれないけど，意味が伝わらないなら意味ないよね。

S3　改善策として，わかりやすい表現の仕方を出してもいいんじゃない。

ポイント　学習指導要領を根拠に，形式に関する改善策を検討させる。

Frameworks

現状	理想
・作品のテーマは面白い。 ・もともと子ども向けの本ではないので，中学生の教科用図書教材としては読みづらい部分がある。	・作品のテーマが面白いので，中学生を対象とした教材として，整った構成であり，かつ，説得力ある展開の工夫がされている作品に書き換えたい。

●課題と◎改善策	
【●課題】 ＊課題①（形式面） ・一段落一項目となっていない。 ＊課題②（形式面） ・序論が長すぎる。 ＊課題③（形式面） ・主張が文章の真ん中あたりにある。 ＊課題④（内容面） ・図や資料がないので，理解しにくい。 ＊課題⑤（内容面） ・具体例がわかりにくい	【◎改善策】☆学習指導要領より ①第1学年　C　読むこと　ア ・キーワードが一段落に複数入らないように，読みやすくする。 ②第3学年　C　読むこと　ウ ・序論の導入としての役割がわかるように，シンプルに書く。 ③第3学年　C　読むこと　ア 　第2学年　１　知識及び技能(2)オ ・「頭一括型」や「尾一括型」などを習っているので，基本的な型に変更する。 ④第2学年　C　読むこと　ウ 　第3学年　C　読むこと　ウ ・図表などを出すことで，書き手が伝えたいことと具体例の結び付きを明確にする。 ⑤主張と根拠の関係を適切なものにする。

――― フレームワーク活用のポイント ―――

■TAPS法

　ここでは，理想とする文章に近づける提案ができるようにするために，課題を把握することと，各課題に対応した改善策を考えることができるようにするために用いました。

授業の実際③　表現する段階（第5～6時）
教科用図書教材として掲載するための改善策を提案することができるようにする。

❶改善策をアピールできる方法を考える（10分）
T　提案書に書く内容は前時までに考えたので大丈夫ですね。大切なのは提案内容を池内了さんに納得してもらう方法です。これまでの学習を通して，どうすれば改善策をアピールできるか提案してくれる人はいませんか。
S　作品の課題は，TAPS法でも書いたように，「現状」と「理想」の差です。だから，今の作品の状態と僕たちが理想としている改善策を比較させると良さが伝わると思います。
T　比較提示すると，違いがわかり説得力があるということですか。なるほど。では，改善前と改善後を提示できるように提案書を作成してください。
　ポイント　ビフォー・アフターが明確になるような提案書を書かせる。

❷提案文書の構成を考える（30分）
T　今回の提案は，文章の変更を依頼するものですから，どこをどのように書き換えてほしいのかをわかりやすく伝えることが大切になります。
S　構成の変更点を伝えやすくするためには，段落構成で使ったツリー図を作成すればいいと思います。
T　視覚に訴えることで，どこを改善すればよいかわかりやすくなりますね。
S　改善の視点というか，何を根拠にしたかは伝える必要があると思います。
S　私も学習指導要領解説の指導事項は書かないとダメだと思います。
S　具体的な改善内容について書いておかなければ，ツリー図を書いたところで意味がないと思います。
T　提案書に書くべき内容はたくさんありますね。例えば今出てきた3つの情報だけでも，配列によって伝わりやすさが変わります。これまで学習してきたフレームワークの要素を活用することができるかもしれませんね。
　ポイント　提提案書を書く目的を意識させて提案書作成に取り組ませる。

❸提案書を作成する（60分）

T　改善策のアピールの仕方や提案書に書くべき内容，構成についてイメージできたと思います。では，提案書の作成に取りかかりましょう。

ポイント　内容面と形式面を考慮した提案書を作成させる。

書籍名：『ヤバンな科学』

提案者：○○　○○

＊改善の視点＊
①論理構成
　・第3学年　C　読むこと　ウ
　・第3学年　C　読むこと　ア
　・第2学年　知識及び技能　(2)オ

＊原作

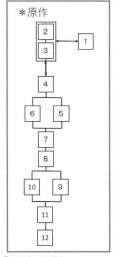

＊改善案

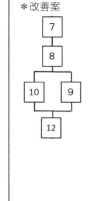

○序論（⑦）本論（⑧⑨⑩）結論（⑫）を基本の形として，文章を書き換えてもらう。

○序論（⑦）
　①書き手の主張
　②博物学の意味付け
　③主張する理由
○本論（⑧⑨⑩）
　④文学と科学の統合の例
　　・河豚毒の話（俳句）
　　・星の話
　⑤21世紀の科学としての可能性（総合知の学問「博物学」の広がることへの期待）

②図表の追加
　・第3学年　1（知識及び技能）(2)ア・イ
　・C　読むこと　イ

＊改善案
○本論（⑨⑩）
　・⑨　芭蕉，一茶，蕪村の河豚に関する俳句とその説明
　　　河豚料理のおいしさの科学的分析（表など）
　・⑩　よばひ星の天文学上の資料
　　　「古事記」や「源氏物語」の記事

あとがき

> 国語は，文学の世界や教科書の中だけでなく，世の中に材があるんだ。

　こう助言をしてくださったのは，私が研修員として派遣された福岡教育大学附属福岡中学校で，当時本官をなさっていらっしゃった藤島俊幸先生（社会科・現福岡県教育庁教育振興部義務教育課指導主事）でした。藤島先生は幾度となくビジネス書のコーナーに足を運ぶことをお薦めになりました。しかし，当時の私は，その意味を理解できずにいました。

　そんな私に，光を灯してくださったのが合同授業（2年「話すこと・聞くこと」6参照）を提案してくださった石田周一先生（前大分県佐伯市立鶴谷中学校教諭）でした。この授業を行うことで，「ウリ」をアピールするという行為がビジネスの世界におけるプレゼンテーションとつながりがあることを私なりに気付き，藤島先生がおっしゃっていたことの偉大さを感じながら，本書に示したような授業を試みるようになりました。このお二人の先生方がいらっしゃらなければ，私は，このような授業のあり方に気付くこともなく，「国語」の枠の中で，初任者のときと変わらない授業を続けていたことでしょう。

　新学習指導要領では，「情報の扱いに関する事項」が新設され，【知識及び技能】に，「情報と情報との関係」（「原因と結果」「意見と根拠」「具体と抽象」など）や，「情報の整理の仕方」（「比較や分類」「関係付け」など）の項目が立てられました。また，「考えの形成」が重視され，3領域（「話すこと・聞くこと」「書くこと」「読むこと」）の各学習過程の中で「自分の考えの形成」を図ることが明示されました。これらは，論理的思考力の育成とともに，情報活用能力の育成と関わっていると考えます。このような点から本書に目を向けたとき，単元を貫く言語活動として，プレゼンテーションを位置付けた授業を行うことは，新学習指導要領で求められている資質・能力の育成を促すことにもつながるのではないかと思います。

さて，プレゼンテーションは，本書に示したもの以外でも，たくさんのことができると考えています。次は，現場に戻ったら，私が一番にしたいプレゼンテーションに関わる学習課題です。

　あなたは，映画の予告編の制作会社に勤務しています。ある映画会社が来年リマスター版「〇〇」の上映を予定しているため，各予告編制作会社に予告編制作を募っています。コンペティションで選ばれるような（優勝できるような）予告偏を制作しなさい。

　授業を構想するにあたって，思いつくだけでも，パソコン等での映像の編集。予告編の構成案としての絵コンテの制作。使用する音楽の選定。そして，最も国語科的な部分で，キャッチコピー等の作成や提示するPR情報の選定などが挙げられます。パソコンに精通している生徒。音楽の知識が豊富な生徒。絵を描くのが得意な生徒。そんな生徒を核にしてグループをつくり，協働学習を行えば可能性はあるかもしれません。でも，もし1単元だけでも，他教科と合同授業ができたら，このような授業も可能になるかもしれません。
　「世の中は，各教科における『知』を組み合わせたものがあふれている。」このことも，私は，福岡教育大学附属福岡中学校で学びました。カリキュラム・マネジメントに示された教科横断的な視点は，「社会生活に必要」とされる資質・能力を効果的に育成していくためにも必要な視点であると考えます。世の中のどこに国語が寄与しているかを探すことはとても意味あることです。また，どのように授業に生かしてく考えることは，間違いなく授業の幅に深みや広がりを認識でき，授業者自身の学びにつながります。この視点で本書を読み直していただけると，実践例の価値が高まると思います。
　最後になりますが，拙稿に目をとめていただき，本書の執筆の企画ならびに校正の労にあたられ，格別のご尽力をいただいた明治図書出版株式会社の大江文武氏に心から感謝申し上げます。

2019年8月

　　　　　　　　　　　　　　　　　　　　　　　　　　　永野　恵美

【著者紹介】
永野　恵美（ながの　えみ）
福岡県教育庁南筑後教育事務所　指導主事

中学校国語サポートBOOKS
「フレームワーク」の思考法を活かす！
プレゼンテーションを位置付けた国語授業

2019年9月初版第1刷刊	©著　者	永　野　恵　美
	発行者	藤　原　光　政
	発行所	明治図書出版株式会社
		http://www.meijitosho.co.jp
		（企画・校正）大江文武
	〒114-0023　東京都北区滝野川7-46-1	
	振替00160-5-151318　電話03(5907)6702	
	ご注文窓口　電話03(5907)6668	

＊検印省略　　　　組版所　中　央　美　版

本書の無断コピーは，著作権・出版権にふれます。ご注意ください。

Printed in Japan　　　　ISBN978-4-18-283418-9
もれなくクーポンがもらえる！読者アンケートはこちらから　→